HISTOIRE

Civile et Religieuse

DE

GRASSE

Avec Préface de Mgr LATTY, Évêque de Châlons

Illustrée de Portraits et Vues en Phototypie

Ire PARTIE

La Ville
La Paroisse
Le Diocèse
Le Clergé
Le Culte

IIe PARTIE

Cathédrale
Les Évêques
Religieux
Hommes Célèbres

GRASSE

CHEZ L'AUTEUR

La Cathédrale (*Monument du XIe Siècle*)

HISTOIRE CIVILE ET RELIGIEUSE
DE GRASSE

PREMIÈRE PARTIE

LA RÉVOLUTION

AVEC PRÉFACE DE MGR LATTY, ÉVÊQUE DE CHALONS

DEUXIÈME PARTIE

Iᵉʳ CHAPITRE

LA CATHÉDRALE

Illustrée de plusieurs belles Phototypies hors texte

Ce petit ouvrage est dédié à toutes les Familles Grassoises, en souvenir du long et heureux séjour que j'ai fait au milieu d'elles.

Prière aux Familles qui ne l'auraient pas reçu, de le faire demander, en envoyant leur nom.

ON TROUVE CHEZ L'AUTEUR :

1º *Première Partie :* La Révolution.
2º *Monographie de Notre-Dame de Valcluse*

EN PRÉPARATION :

Les Évêques de Grasse.
Les Religieux.
Les Hommes célèbres.
Notes

LA FRANCE,
malgré les sectes
impies, restera
toujours unie au
SIÈGE DE PIERRE.
D. SAUDINOS RITOURET, Éditeur. Paris.
D.S.R. Déposé

J.-PH. LATIL

Curé de Grasse

HISTOIRE CIVILE ET RELIGIEUSE
DE GRASSE

LA
CATHÉDRALE

> Les Cathédrales sont des idées bâties avec des pierres.
>
> MONTALEMBERT.

> Si vous répudiez les idées, les pierres ne peuvent être à vous. Elles deviennent la propriété de ceux qui ont gardé les idées.
>
> CYR.

> Il n'est âme si revêche qui ne se sente touchée de quelque révérence à considérer cette vastité sombre de nos églises, et ouïr le son dévotieux de nos orgues. Ceux mêmes qui y entrent avec méprise sentent quelque frisson dans le cœur.
>
> MONTAIGNE.

> Je n'ai jamais entendu le chant grave et pathétique des offices de nos Cathédrales, entonné par les prêtres et répondu par une infinité de voix d'hommes, de femmes, de jeunes filles et d'enfants, sans que mes entrailles en aient été émues et que les larmes m'en soient venues aux yeux.
>
> DIDEROT.

> Je pense à tout ce qui est contenu du génie de l'histoire de notre pays, de l'idéal, des rêves, des souffrances, des espoirs de nos aïeux dans nos vieilles Cathédrales.
>
> Camille PELLETAN.

GRASSE

IMPRIMERIE A. ALPHONSE. — LOUIS CARESTIA, SUCCESSEUR
Boulevard Gambetta

1907

Un de mes confrères me disait un jour : « A quoi bon ces études ?
« Le prêtre n'a-t-il pas mieux à faire qu'à passer son temps à pareilles
« recherches ? Ce n'est pas là, pour nous, sujet qui mérite notre
« attention... etc. »

Voici ma réponse et l'unique raison de mon travail :

Un jour, une voix très autorisée, parlant du haut de la chaire de
Saint-Pierre, recommandait à tous les prêtres « d'étudier méthodique-
« ment le passé de leur Diocèse ». (Encyclique de Léon XIII).

Peu après, me trouvant à l'Évêché de Nice, avec quelques-uns de mes
confrères, j'entendis mon Évêque dire bien haut, « que tous les curés
« devraient connaître l'histoire de leur Église ».

Le désir de Léon XIII et de Mgr Chapon me parut un ordre.

J'ai aussitôt recherché, compulsé, interrogé tous les vieux papiers du
Chapitre et de l'Église de Grasse, les bulles des Papes et les ordonnances
de nos Évêques. J'ai consulté les Archives départementales et com-
munales, et ces papiers jaunis ont répondu à mes recherches, et je vous
communique ce qu'ils m'ont appris.

Mais si tout cela à vos yeux ne justifie pas mon travail, je vous ré-
pondrai avec notre savant GODEAU, dont on blâmait les poésies :

« Je n'ai travaillé en cet ouvrage que pour le salut des âmes qui me
« sont confiées. Je ne prétends pas donner mon livre comme un modèle.
« Je connais ses défauts et je n'attends aucune louange de ce côté ».

« Mais j'y ai trouvé un immense avantage, c'est qu'en l'exécutant
« avec l'intention pure de glorifier Dieu, et d'instruire les hommes, j'en
« ai retiré d'abord pour moi un accroissement de foi et de piété. Et si le
« public ne l'estime pas, Dieu m'en récompensera : les bonnes intentions
« passant auprès de lui pour de bons effets ». (GODEAU, Discours sur
la Poésie chrétienne, p. 52).

MONOGRAPHIE DE LA CATHÉDRALE

Considérations Préliminaires
sur la Position de la Cathédrale

La Cathédrale de Grasse, sous le vocable de Notre-Dame du Puy, ainsi nommée à cause de la position élevée où elle est bâtie *(podium, éminence)*, est admirablement située, sur cette partie culminante du plateau qui domine la ville, du côté du Midi.

Un château-fort, destiné à protéger la cité et à la défendre contre toute surprise du dehors, avait été construit sur cette élévation.

Flanquée de ses deux grosses tours, cette puissante citadelle, d'après les constatations autorisées de MM. de Laurière et Palustre, occupait presque toute la superficie du plateau.

Pour y construire l'Église sans toucher à la forteresse, il aurait fallu entreprendre des travaux gigantesques sur la droite du Puy et bâtir, près des remparts, une immense muraille.

Nos aïeux n'osèrent pas entreprendre ces travaux, mais l'avis unanime des habitants fut néanmoins de voir élever sur cette éminence le temple magnifique qu'ils avaient résolu d'édifier à la gloire de Marie, leur bonne patronne.

Que faire donc ?

Détruire la forteresse ? La municipalité s'y opposait.

Construire à côté ? La place manquait.

Chercher un autre emplacement ? Le peuple ne voulait pas renoncer à cette position qu'il regardait comme la plus belle et la plus avantageuse : « Marie, disait-il, nous protègera « bien mieux que ces immenses tours ; il faut les abattre ».

On transigea : une tour seule fut sacrifiée et la majeure partie du château-fort fut conservée.[1]

La place était bien restreinte pour y construire une grande Église ! On prendra en longueur ce qui manque en largeur et on donnera à l'édifice toute l'élégance possible.

Un détail important fut réglé de concert entre la municipalité et le peuple :

L'Église aura l'importance d'une forteresse, ses murs seront construits en pierre dure, de six pieds d'épaisseur, et sa voûte aura une épaisseur de cinq pieds pour résister à tous les engins de guerre.

C'est ainsi que nos aïeux ont choisi Marie pour protectrice de leur chère cité et ont préféré vivre sous sa puissante intercession que sous la protection des murs épais d'une grosse forteresse.

Et leur confiance n'a pas été trompée : la ville a subi bien des sièges, mais tous ont été glorieux pour ses défenseurs, car, même vaincus, ils ont toujours obtenu les honneurs de la guerre.[2]

Donc, la principale raison du choix de cet emplacement

----

(1) Occupé actuellement par les services administratifs de la commune, après avoir servi de palais épiscopal à nos évêques, ce monument est peu artistique, mais il est intéressant par les vieux souvenirs qu'il rappelle.

(2) Durant des siècles, Grasse, placée sur la grande route d'Italie, eut à jouer un rôle militaire important dans toutes les guerres internationales entre les peuples du Midi : elle eut surtout à soutenir de longs assauts contre les Austro-Sardes et les Espagnols de Charles-Quint.

pour la construction de l'Église fut la position avantageuse de ce local. C'était le plus beau qu'on put trouver, et pour Dieu, dans ces siècles de foi, on cherchait toujours ce qu'on avait de plus beau.

***

Mais je découvre encore une autre raison qui a bien son importance :

Cette position était la plus avantageuse et la plus favorable, sous tous les rapports, pour les habitants.

C'est ce que je tiens à prouver :

La situation exceptionnelle de Grasse, au pied de hautes montagnes, dans un pli de terrain admirablement abrité, n'apparaît dans son véritable jour qu'à mi-côte de la colline ou du sommet de la tour de l'Église.

Lorsqu'on monte sur cette tour et qu'on aperçoit, à ses pieds, ce pli de terrain en demi-lune placé entre les montagnes de Rocavignon et de la Marbrière d'un côté. et le plateau du Puy de l'autre, on comprend facilement pourquoi nos ancêtres ont choisi ce site merveilleux. Abritée contre le vent du nord-ouest, le mistral, ce terrible fléau de la Provence, par les montagnes élevées qui la dominent, la cité est préservée du vent du sud-ouest, vent de la pluie et des orages, qui est si désagréable dans nos pays, par l'éminence sur laquelle est construite la Cathédrale.

Aussi la température s'y maintient presque sensiblement égale pendant une grande partie de l'année. et si les projets d'une jeune Société d'hygiène, aux louables efforts, peuvent aboutir, si on parvient un jour à assainir ces quartiers infects, et à détruire ces amas de maisons, qui avaient leur raison d'être lorsque la ville était entourée de remparts, mais qui sont contraires à toutes les notions d'hygiène ; si on arrive à ouvrir une large voie au centre de la ville, partant du Cours pour aboutir à la Roque, et à assainir les vieux quartiers de la cité, en détruisant cet amas de maisons, du Rachier au Four-Neuf, de l'Oratoire au bas des Cordeliers; enfin, si une grande place et de beaux jardins venaient remplacer ces rues tortueuses et sales, ces maisons aux murs lézardés, fendillés, aux toits multiformes et ruinés, masures branlantes, bossuées et penchées sans alignement et sans ordre, on verrait combien la position de la vieille ville était admirablement choisie.

Un médecin, membre de la municipalité, me disait un jour : « Si on pouvait mettre le feu aux quatre coins de ces sombres quartiers, chacun y trouverait son compte : la population, par la salubrité qu'elle y gagnerait, et les propriétaires par le gain qu'ils en retireraient. »

Dès que l'air circulera par de grandes artères, et que chacun pourra recevoir, et le jour et la nuit, la nourriture nécessaire à ses poumons, on ne pourra plus mourir, en ce pays, d'une maladie épidémique.

J'ai remarqué, pendant l'été 1904, où la chaleur était intense, que le centre de la vieille ville avait toujours 1 ou 2 degrés de moins que les faubourgs, et pendant l'hiver rigoureux de 1905, où le froid a détruit beaucoup de plantes, où les eaux étaient gelées dans les maisons suburbaines, aucune maison de la ville n'a souffert de pareils accidents. J'ai vu même sur quelques fenêtres des plants de géranium qui n'auraient pas échappé au froid de la campagne.

Cette situation est sans égale, et si nous joignons à tous ces avantages cet autre non moins important d'avoir une source très abondante, jaillissant au sommet même de la vieille ville et débitant en moyenne 60 litres d'eau à la seconde, alimentant de nombreuses fontaines, de grandes usines et presque toutes les maisons de la ville, on comprendra que la position de Grasse est vraiment idéale.

Il n'était donc pas possible de choisir un meilleur emplacement pour bâtir la Cathédrale. Elle domine la ville et la protège admirablement contre la rigueur des saisons et contre les châtiments du Ciel, par l'intercession toute-puissante de Celle qui l'habite.

***

Si on considère la position de la Cathédrale, bâtie à côté des remparts et à l'extrémité de la ville, on jugera peut-être qu'une partie des habitants ne peut pas la fréquenter facilement. On se trompe. Cette position répond admirablement à toutes les nécessités de la circulation et aux besoins de la cité. On ne met pas plus de cinq à six minutes pour arriver des points extrêmes de la ville à la Cathédrale. Elle est comme le centre de toutes les rues qui partent des quatre points cardinaux : rue de la Délivrance au nord, rue Gazan à l'ouest, passage Vauban au sud et porte Saint-Michel à l'est.

C'est tout autour d'elle, d'ailleurs, que se trouvent nos plus vieilles artères, si on en juge par les vestiges qui nous restent.

La rue de l'Evêché et la rue Mougins nous montrent encore des maisons à encorbellement, et les rues Tracastel et Sans-Peur, des niches avec des statues de la Vierge.

Ces oratoires, signes caractéristiques du moyen âge, dans lesquels on plaçait soit la statue de la Vierge-Marie, soit celle des saints vénérés, étaient éclairés au moyen de lampions entretenus aux frais communs des habitants du quartier. Ils abondaient aux XI*, XIIe et XIIIe siècles.

Les chroniques nous racontent que, dans les rues du vieux Paris, on n'avait souvent pour s'éclairer la nuit que le clair de lune et les lumignons placés au-devant des niches.

La position de la Cathédrale est donc aussi centrale que possible, et elle est la plus avantageuse et la plus favorable qu'on puisse désirer.

Construction de l'Église

Je voulais invoquer ici le privilège de Grégoire VII, accordé à Notre-Dame de Grasse en 1080, malheureusement, ce privilège ne s'adresse pas à notre Église.[1]

Mais ce qui est incontestable, c'est la bulle d'Adrien IV, en 1154, et celle de Clément III, en 1189, aux consuls de Grasse, pour demander leur protection en faveur des moines de Lérins, toutes deux faisant mention de Notre-Dame du Puy. *(Archives municipales, AA. 1).*

S'agissait-il d'une Église antérieure à la Cathédrale qui nous occupe en ce moment, et qui aurait existé avant elle sur le même emplacement ? M. Sénéquier a émis cette opinion, mais je trouve dans les *Archives* une raison péremptoire p ur

---

(1) Nous avions cru, d'après Montalembert, que les privilèges accordés à N.-D. de Grasse par Grégoire VII, avaient été accordés à notre Église. Il n'en est rien. Le savant bibliothécaire de la Mejane d'Aix, M. Aude, que j'ai consulté sur ce point, a bien voulu me communiquer la bulle de Grégoire VII : *Alterum*, dit le Pape, *in Carcassensi Episcopatu, Santa Maria de Grassa quæ ad hujus sedis defensionem pertinere...* Ce n'est donc pas à Grasse, en Provence, mais à N.-D. de Grasse, abbaye de l'ordre de Saint-Benoît au diocèse de Carcassonne, fondée dans la seconde moitié du VIIe siècle, que fut accordé le privilège de l'exemption.

établir que la Cathédrale que nous possédons est bien celle dont faisait mention le pape Adrien IV en 1154. C'est la bulle de Jean XXII accordant à l'évêque de Grasse 2.000 ducats, sur les produits des œuvres pies, pour réparations à la Cathédrale.

Cette bulle est datée de 1405.

Or, si à ce moment la Cathédrale, construite en fortes pierres de taille à l'intérieur comme à l'extérieur, avait besoin de telles réparations, qu'il était nécessaire d'y consacrer 2.000 ducats, c'est-à-dire de 20 à 25.000 francs, ce qui représente une somme de 100.000 francs pour notre époque, cet édifice ne datait pas de cent cinquante ou deux cents ans seulement, mais de plusieurs siècles.

Il suffit, en effet, d'examiner ces lourdes murailles de 2 mètres d'épaisseur soutenant une voûte de 1 m. 80, et tout l'ensemble de cette construction si solidement bâtie qu'il n'y manque pas une pierre après neuf cents ans d'existence, ayant résisté aux tremblements de terre, à la foudre, a l'incendie, et surtout au vandalisme des hommes, qui, à maintes reprises, ont taillé dans ses murs, ses piliers, sa façade, sans ébranler ni détruire sa robuste construction, pour comprendre qu'une telle réparation supposait déjà une longue existence.

. Nous avons donc raison de dire que cet édifice n'est pas du XIIIe, ni même du XIIe siècle, mais au moins du XIe et peut-être du Xe siècle.

*
* *

L'histoire de cette construction ne nous a pas été conservée. Nos *Archives* sont muettes sur les noms des consuls à cette époque et sur l'architecte et les ouvriers qui réalisèrent ce beau travail.

M. Massa nous dit, dans son *Histoire de Grasse*, que ce sont des ouvriers italiens qui ont bâti notre Église. Je n'ai pas de peine à le croire, si je m'en rapporte à la cathédrale de Vintimille, construite exactement sur le même plan, mais avec des proportions différentes, et à celle de San-Remo, qui n'en diffère guère.

L'Italie fut de tous temps la terre classique des beaux-arts, et on peut bien supposer que nos consuls, vu la proximité de la frontière, durent s'adresser à des ouvriers de ce pays pour élever ce monument ; mais aucun document ne nous désigne cette origine.

Quant à l'hypothèse que N.-D. de Podio fut construite sur l'emplacement d'un ancien temple de Diane, nous devons la rejeter. Ce n'est pas en se basant sur un soi-disant fragment d'inscription, perdu, qu'on peut établir un fait aussi important. Rien dans notre ville n'autorise à penser que nous ayons eu des temples romains. Nous savons tous fort bien que le fameux temple de Jupiter-Ammon, de St-Hilaire, n'était qu'une jolie construction du xiiie siècle.

A cause de la perte totale de nos archives à partir de la fin du xie siècle, nous sommes obligés de nous en tenir à des conjectures pour les siècles précédents. Un fait cependant doit retenir notre attention et peut nous fixer approximativement sur l'époque de la construction de la Cathédrale.

Ce fait, c'est la prospérité de notre ville aux xe et xie siècles. Il fallait de l'argent et du courage pour entreprendre un travail aussi important. Le traité de Pise fut signé en 1179 et celui de Gênes en 1198 ; quoique la population de Grasse fut bien au-dessous de ces grandes cités, son alliance avait été recherchée avec une telle insistance et jalousie par ces puissantes Républiques, que nous pouvons en conclure que son amitié n'était pas à dédaigner, soit à cause de la richesse de son sol, de la prospérité de son commerce, soit à cause de sa bravoure dans les armes, et de sa bonne renommée au milieu des peuples.

En effet, pendant le xiie siècle, la République de Grasse était dans tout l'éclat de sa prospérité et de sa grandeur, et, à l'exemple de ces grandes Républiques, qui traitaient avec elle d'égale à égale, elle avait dû élever au Dieu tout-puissant ce temple magnifique, digne de sa grandeur, et approprié à la population de la cité, qui devenait de jour en jour plus forte.

Or, les xe et xie siècles nous paraissent être l'époque la plus propice pour elle à l'entreprise d'un si grand ouvrage.[1]

Mais l'or ne coulait pas abondant dans ses murs comme chez ses puissantes voisines. Pise était la plus riche cité d'Italie, et Gênes voyait arriver dans son port les vaisseaux du monde entier, chargés des plus précieux trésors.

Grasse brillait plus par son courage et son activité que par sa puissance et ses richesses : elle n'avait pas pu creu-

---

(1) Qu'on ne nous objecte pas que le gothique n'existait pas au xe siècle. L'art gothique n'a pas été inventé par un architecte, il n'est pas né ici ou là, sous l'inspiration géniale d'un maître. On ne peut pas dire où il a été pratiqué pour la première fois, quoique, d'après plusieurs savants, on croit qu'il ait apparu dans le Midi, plutôt que dans le Nord, et que rapidement il s'est répandu dans tous les pays de l'Europe, se développant progressivement partout, poussé par le même mouvement artistique qui évoluait dans tous les pays sans qu'on se fût donné le mot.

De même pour l'art de la Renaissance qui lui a succédé, et qui n'est pas venu d'Italie, comme on s'est plu à le dire, mais qui s'est manifesté presque partout en même temps, préparé par une évolution de goût...

De même pour les lettres et la littérature, qui se sont transformées, on ne sait comment, et qui ont pris tout à coup un développement majestueux.

Ce sont des modes et des courants qui se propagent comme une traînée de poudre et triomphent partout sans qu'on se soit donné le mot. On pourrait appeler cela des courants électriques ou magnétiques.

ser les fondations d'une superbe Basilique, comme le firent ses riches alliées.

Le dôme de Pise, remarquable édifice tout en marbre blanc, commencé en 1063, et consacré en 1118, est peut-être le monument le plus grandiose qui ait été construit à cette époque. Sa façade est formée de quatre rangées de colonnettes superposées, placées au-dessus des portes, et une vaste coupole domine le transept. A côté du Dôme se trouve le Baptistère, en marbre blanc, d'une richesse inouïe. Derrière le Dôme a été placé le célèbre *Campo santo* formé de la terre du Golgotha que des centaines de navires apportèrent à Pise.

Les tombeaux, les mausolées, les bas-reliefs et les peintures font de ce lieu le sanctuaire de l'Art Toscan au moyen âge. Enfin, le Campanile, ou tour penchée, reste une des plus célèbres curiosités de l'Italie.

La cathédrale de Gênes fut construite presque en même temps. Elle offre à l'œil étonné l'aspect le plus gracieux, à cause de l'alternance du marbre noir et blanc, dont ses murs ont été si heureusement recouverts.

Mais les Grassois n'auraient jamais pu prétendre élever à leur Dieu un temple aussi riche et aussi majestueux que ceux de Pise et de Gênes. Chacun fait ce qu'il peut.

Ils n'avaient pas de marbre à leur disposition. Il aurait fallu apporter cette matière de très loin et le transport en aurait été absolument difficile et onéreux. Mais ils avaient la pierre de tuf à la portée de leurs mains : ce n'était pas assez riche pour Dieu. Ils allèrent, avec des difficultés inouïes, sans routes, sans chariots, creuser le sein de la montagne et extraire les blocs énormes qu'ils trainèrent avec les seules forces de leurs bras.

Après avoir choisi ce plateau magnifique et avoir voué leurs travaux et leurs richesses à la bonne Dame Ste-Marie à qui ils voulaient dédier ce Temple, ils se mirent à l'œuvre pour le rendre aussi beau qu'il leur serait permis de le faire.

On nivela le terrain, on construisit le mur du midi pour soutenir les terres, jusqu'au niveau de la place ; tous les habitants s'imposèrent des sacrifices énormes pour donner à ce temple toute la solidité et la magnificence possibles, et bientôt notre belle Eglise, dominant la cité, montrant à tous ses murs solides, les premiers peut-être qui aient été construits en pierre dure dans la ville, excitèrent l'enthousiasme général.

Il est vraiment étonnant qu'avec de si faibles moyens on soit arrivé à de si beaux résultats !

*
* *

En contemplant ces magnifiques édifices religieux du moyen âge, on est frappé d'admiration en présence d'une telle puissance d'exécution !

Une lettre écrite, en 1145, par un religieux de Chartres nous raconte la façon dont nos Cathédrales ont été construites :

« C'est un prodige inouï, dit il, que de voir des hommes
« puissants, fiers de leur naissance et de leurs richesses, ac-
« coutumés à une vie molle et voluptueuse, s'attacher à un
« char avec des traits et voiturer les pierres, la chaux, le bois
« et tous les matériaux nécessaires à la construction de l'édi-
« fice sacré. Quelquefois, 1.000 personnes, hommes et fem-
« mes, sont attelées au même char, tant la charge est consi-
« dérable, et cependant il règne un si grand silence qu'on
« n'entend pas le moindre murmure. Quand on s'arrête dans

« les chemins, on parle, mais seulement de ses péchés, dont
« on fait confession avec des larmes et des prières ; alors les
« prêtres engagent à étouffer les haines, à remettre les dettes,
« etc., etc. S'il se trouve quelqu'un assez endurci pour ne
« pas vouloir pardonner à ses ennemis et refuser de se sou-
« mettre à ces pieuses exhortations, aussitôt il est détaché
« du char et chassé de la sainte compagnie »

Voilà certainement comment ce bel édifice, qui est encore
notre gloire, a été construit par nos pères : Il n'y avait aucun
chemin carrossable dans ce pays et ce n'est qu'avec des efforts
inouïs qu'on a pu amener sur les lieux les matériaux nécessaires à la construction de l'Église.

De nos jours, avec une population plus nombreuse, des
richesses plus grandes et des moyens d'exécution beaucoup
plus abondants et plus faciles, on ne pourrait plus obtenir
un aussi beau résultat. C'est la foi qui manque.

Qu'il est à regretter que les *Archives* de l'époque soient
détruites ! que d'actes de dévouement ! que de sacrifices ont
dû s'imposer nos pères pour atteindre un but si important !
Peut-être quelque riche famille a-t-elle consacré sa fortune à
cette construction ? A Pise. les Médicis ont prodigué leurs immenses richesses à orner le temple divin ; à Gênes, une seule
famille a donné deux millions pour dorer la voûte de l'*Anun-
ciata*. Ici, la tradition ne nous a conservé aucun nom, et je
préfère croire que c'est le peuple seul, ce bon peuple, dont
les rares Grassois qui restent encore dans nos murs sont les
dignes enfants, qui a fait tous les frais de ce beau monument,
et qui, comme à Chartres, a voituré les pierres, la chaux et
tous les matériaux nécessaires à la construction de cet
édifice sacré.

———————

VUE GÉNÉRALE DE GRASSE, prise de la route de Saint-Vallier.

Le clocher. La vieille tour. L'ancienne citadelle. La Cathédrale bâtie sur le point le plus culminant du plateau.

La campagne de Grasse, et la mer, au fond.

La Place du Petit-Puy

Elle est bien intéressante, cette place du Puy, médiocre par sa superficie, mais merveilleuse par ses enseignements et illustre par la grandeur de ses souvenirs. A cet égard, elle peut défier toutes les places de la contrée.

C'est ici que se sont passés tous les grands événements de la cité.

C'est ici, sur le parvis de cette Eglise, *juxta Ecclesiam*, que les puissants consuls de Grasse, ne reconnaissant au-dessus d'eux ni prince. ni seigneur, mais Dieu seul, *Dei gratiâ consules Grassœ*, reçurent, en 1154, les ambassadeurs du Pape Adrien, suppliant ses chers fils, les habitants de Grasse, *dilectis filiis consulibus et universo populo*, de protéger les moines de Lérins contre les invasions des pirates ; et, quelques années après, en 1188, ceux du Pape Clément III priant ses bien-aimés fils de prendre sous leur protection le prieuré de Saint-Honorat et ses dépendances. *(Archives municipales, AA. 1).*

C'est ici que furent conclues des alliances avec les célèbres villes d'Italie, Pise et Gênes, par lesquelles traitant d'égale à égale avec ces puissantes Républiques, Grasse daignait leur accorder son amitié, et leur promettait le secours de ses armes. *(Arch. mun., AA. 1).*

C'est ici encore, *ante Ecclesiam*, que notre illustre cité, place forte et de beaucoup la plus importante de la contrée, défendit fièrement ses intérêts contre le comte de Provence, et Raymond Bérenger, qui la tenait en haute estime, ne put obtenir sa soumission qu'en lui accordant tous les privilèges, toutes les immunités et franchises qu'elle désirait. *(Arch. mun.*, AA. 1).

C'est ici que se tenaient les assemblées populaires, comme autrefois sur le Forum de Rome, et que se décidaient les questions importantes de la ville.

C'est ici que se sont discutés les grands intérêts de la cité dans les luttes séculaires entre la France, l'Espagne et l'Italie : La situation exceptionnelle de Grasse, au pied de ces hautes montagnes et sur la grande route d'Italie, devait l'amener nécessairement à jouer un rôle militaire.important dans toutes les guerres internationales entre les peuples du Midi. De là ces sièges si fréquents et si coûteux pour la ville.

C'est ici que, le 16 juillet 1309, l'assemblée générale des chefs de famille chargea les syndics d'aller prêter serment de fidélité au roi Robert, à l'occasion de son joyeux avènement. *(Arch. mun.*, AA. 5).

C'est ici, sous le porche de l'Église, que se tenaient les audiences de nos juges aux xiiie et xive siècles.

Les notaires tenaient leurs assises et dressaient leurs contrats en ce lieu, et nous trouvons, dans les *Annales* du couvent des Augustins, un acte solennel, dressé par M. Olivier Peillon, notaire public, au requis du juge de Grasse, *pro tribunale sedenti* et de Frère Raybaud, prieur des Augustins. On lit à la fin : «*Actum Grassæ, in Ecclesiâ Beatæ Mariæ, ubi jus redditur* (3 décembre 1326).

Les juges siégèrent ensuite dans le *Palatium regium*, (actuellement le Presbytère) qui était appelé aussi Maison de la Reine Jeanne ou Auditoire royal. C'est là que fut installé, en 1574, le siège de la Sénéchaussée, créé par un édit de Charles IX, et maintenu jusqu'à la Révolution.

C'est ici enfin, sous ce sol, tout plein encore de souvenirs,

sous cette poussière faite un peu de la grandeur grassoise,
que reposent les restes inanimés de milliers de nos ancêtres.
Remuez cette terre, et vous trouverez leurs crânes, les os
de leurs pieds et de leurs mains. Ils nous ont précédés dans
l'éternité, et ils attendent peut-être de nous une dernière
prière pour jouir de la paix et du bonheur éternel.

Oh ! que cette place doit être chère à notre cœur !

*
* *

Ce petit espace de terre, si précieux par ces souvenirs,
devait probablement avoir encore un autre but : cette place,
d'après les vestiges qui restent, était destinée à être entourée d'un péristyle, mais, comme nous le verrons plus loin,
pour l'intérieur de l'Église, ce travail n'a pas été achevé.

Le péristyle était le complément de beaucoup d'églises
romanes. Nous le trouvons encore intact devant l'église
de Saint-Ambroise à Milan. C'était le lieu où se tenaient
les catéchumènes pendant la célébration des saints offices ;
on l'appelait le *Parvis* ou l'*Atrium* de l'église.

La place avait été réservée pour recevoir ce péristyle.
Les arcades de gauche seulement avaient été faites ; nous
avons pu admirer ces arceaux avec leur chapiteaux élégants
pendant les dernières réparations de l'Hôtel de Ville : on a
été obligé d'enlever un chapiteau pour ouvrir la fenêtre du
cabinet du chef de l'octroi.

Mgr Godeau s'en était servi de terrasse, où il arrivait de
plein pied de ses appartements.

Mgr de Bernage ferma le portique pour y construire sa
bibliothèque. Il eut la malheureuse idée d'englober cette
partie du péristyle dans le palais épiscopal, pour agrandir

de quelques mètres ses appartements. Il aurait été mieux inspiré s'il avait complété ce portique, dont les colonnes très élégantes faisaient le meilleur effet, et la place de la Cathédrale aurait reçu un ornement de plus, dont l'usage aurait été très apprécié.

La cour aurait eu 25 mètres en tous sens, formant un carré régulier, entouré d'arceaux à ogive, comme celui qui existe encore, à la hauteur du premier étage, et comme ceux que l'on voit dans le vestibule de la Mairie, à droite, en entrant par la petite porte.

Ces arceaux, couverts et surmontés d'une terrasse, avaient un double avantage : servir d'abri en cas de pluie et procurer des terrasses en cas de foule, dans les grandes réunions du peuple.

Tel devait être le plan de l'architecte.

Extérieur de l'Église

Les murs de la Cathédrale sont construits en superbes pierres de taille soigneusement appareillées, à l'intérieur comme à l'extérieur. Le temps les a revêtus, à l'extérieur, d'une patine dorée qui produit un très bel effet, et à l'intérieur ils ont été couverts par un badigeonnage malheureux, mais qu'on explique par l'incendie du 22 septembre 1795, qui dura cinq jours et cinq nuits, et calcina si bien la surface des pierres, que beaucoup de parties saillantes se détachèrent de la voûte.

Sous la corniche, tout autour des murailles, règne un

EXTÉRIEUR DE L'ÉGLISE - PORTAIL PRINCIPAL

Bénédiction des Fidèles par Monseigneur Chapon.

cordon de fleurons, seule décoration qui relève la nudité des pierres. Les deux petites fenêtres en forme de lancette n'ont aucun ornement.

La grande fenêtre au-dessus de la porte principale, formée en ogive à peine sensible, est ornée d'archivoltes très simples mais très décoratives. Les deux colonnes sont fort belles, avec un chapiteau différent.

Enfin deux entrées monumentales conduisent dans l'intérieur de l'Église. Le portail occidental est un porche formé par un groupe de dix colonnes, les unes carrées, les autres rondes, qui produit un très bel effet.

Le portail du Nord, maladroitement restauré, est actuellement détérioré par une façade en pierres dures, qui se présente carrément sur la porte et dénature complètement le porche. Il était formé comme l'autre d'un groupe de colonnes carrées et rondes.

Le magnifique perron qui précède la porte principale a été fait en 1721 par Mgr de Mesgrigny, lors de la construction de la Crypte. Un long escalier, tenant toute la façade, par lequel on pénétrait dans l'Église, au moyen de trois portes, avait précédé ce perron, qui, d'après le Père Cresp, « faisait l'admiration des habitants et des étrangers ».

Les portes des collatéraux, dont les corbeaux élégants sont parfaitement conservés, ont été murées depuis cette époque, et on a ouvert au-dessous deux fenêtres pour donner du jour à la crypte.

On peut voir à droite et à gauche de la façade deux blessures faites par les canons du baron de Vins, que le temps n'a pu guérir et que la main de l'homme a respectées. On les montre avec gloire, comme les vieux guerriers montrent leurs blessures.

Ces écorniflures des boulets, dont la criblèrent inutilement les Ligueurs, retracent le souvenir d'une des pages les plus glorieuses de notre histoire locale, celle du siège de notre ville par l'armée de Hubert de Vins, qui trouva la mort sous nos murs le 30 novembre 1589. La ville reçut, dans ce siège mémorable, dont un contemporain, témoin oculaire, nous a conservé la relation, *onze cent quatorze coups de canon.*

Le Clocher

Construit en même temps que la Cathédrale, le clocher a été terminé avec cet édifice.

Alors que les horloges publiques n'indiquaient pas encore la marche du temps, les cloches annonçaient, outre les heures de la prière, celles de l'ouverture et de la fermeture des écoles, ainsi que les événements heureux ou malheureux de la cité. Elles ne servent plus aujourd'hui que pour les offices.

Quelques villes cependant : Venise, Bruges, etc., ont conservé aux cloches leur importance sociale. Et même, dans notre cité, on voit souvent les habitants régler les travaux de la journée au son des cloches de l'Eglise. L'*Angelus* du matin annonce le réveil, celui de midi la fin du travail, et celui du soir le repas. Ils écoutent avec bonheur les carillons des fêtes et la musique douce et berceuse des pieux canti_ ques, dont la mélodie élève leurs âmes et les invite à la prière.

C'est un art véritable que la sonnerie des cloches. Autrefois, les *Frères de la Tour* ou les *Compagnons de la Cloche*
formaient de puissantes corporations. Il fallait, pour faire
partie de ces associations, faire chanter le bronze et lui faire
parler tour à tour le langage de la douleur et celui de la joie.
Il fallait, en un mot, donner une âme à la cloche.

S'adressant à la cloche de Saint-Point, Lamartine lui
disait :

> Si quelque main pieuse en mon honneur te sonne,
> Des sanglots de l'airain, oh ! n'attriste personne ;
> Ne va pas mendier des pleurs à l'horizon !
> Mais prends ta voix de fête et sonne sur ma tombe
> Avec le bruit joyeux d'une chaîne qui tombe
> Au seuil libre d'une prison !

Chez nous, beaucoup de maîtres-sonneurs, comme celui
qui anime les cloches de nos jours, *Jean Musse*, sont parvenus
à cet art merveilleux, et on raconte volontiers la manière
admirable dont faisaient chanter et pleurer l'airain les
Carlin, les *François*, les *Pierre Sachero*.[1]

Les cloches possèdent des vertus surnaturelles que leur
confère la Bénédiction. A Séville, on vous dira que les
cloches mettent en fuite la peste : « Ces carillons, disent les
« gens. sont si caressants et enjôleurs, que la peste, effrayée,
« n'y peut plus tenir et s'en va. »

---

(1) Il est à croire qu'au début, la tour de notre Église ne renfermait qu'une
seule cloche. Par lettre du 18 avril 1368, la reine Jeanne de Naples accorde,
« de sa mansuétude naturelle, de sa science certaine et par grâce spéciale,
« l'autorisation aux hommes fidèles de la cité de Grasse à placer à leurs
« frais, dans le clocher de l'Église de la bienheureuse Vierge Marie, une
« grande cloche, aux lieu et place de la petite, au moyen de laquelle on est
« dans l'usage de sonner la retraite à 9 heures après l'*Angelus*. C'est afin que
« les habitants puissent entendre plus intelligemment et fortement, et se
« gardent de sortir sans lumière ». (*Archives départementales*).

Est-ce que notre *Sauveterre* n'a pas souvent préservé de la grêle et des orages les campagnes de notre territoire ?

Les murs du clocher, établis sur le mur septentrional, s'élancent à 20 mètres au-dessus de la toiture de l'Eglise et arrêtent agréablement le regard.

Ce clocher fait partie de l'Eglise et s'harmonise avec elle. Il est incorporé, pour ainsi dire, dans l'Eglise, et ne s'accuse que par des étages superposés au-dessus des combles, comme à l'église Saint-Ambroise de Milan. Il est placé à l'Est, à côté du chœur, comme le clocher de l'église de Saint-Germain-des-Prés et comme les nombreuses églises élevées par les moines de Cluny en France, et même hors de France, dans le XIIe siècle.

C'est seulement en Italie que l'on rencontre fréquemment des campaniles isolés, tels que le campanile de Saint-Marc à Venise, ou celui de Florence, attribué à Giotto.

Ces clochers incorporés dans les églises appartiennent à l'art français du Nord. Mais on les retrouve partout où s'est implanté notre art : en Italie comme en Espagne, en Allemagne comme en Flandre.

Notre clocher a été frappé par la foudre une première fois en 1410 et réparé aussitôt après ; une seconde fois en 1463 et reconstruit seulement en 1486 ; enfin, une troisième fois, il a été renversé presque jusqu'à sa base, le 15 décembre 1742, à dix heures du soir, et reconstruit le 12 mai 1756, ainsi que le constate l'inscription de la première pierre : « *D. O. M. quarto idus Mai MDCCLVI* ». Le prix s'éleva à 16.910 francs. La hauteur du clocher est de 35 mètres.

Ce clocher avait-il une flèche avant sa reconstruction, et ne l'aurait-on pas reconstruit sans flèche, afin d'éviter le même accident ? je n'ai rien pu trouver à ce sujet dans nos *Archives.*

Voici la relation de cette catastrophe, telle qu'elle nous est conservée par les *Archives départementales :*

« Le 15 décembre 1742, un coup de tonnerre abattit la « meilleure partie du clocher, et il ne resta debout que « quatre toises et quelques pieds. La contribution à cette « réparation forma un procès au Parlement de Provence « entre l'économe du Chapitre et la Communauté de Grasse, « et par arrêt du 10 juin 1746, le Chapitre et l'Évêché ont « été condamnés à faire le rétablissement sans que la Com- « munauté y entrât pour rien. L'arrêté du Roi est daté du « 3 novembre 1753 ».

Cinq cloches furent brisées en tombant. *Sauveterre* et une autre n'eurent aucun dommage.

Les cinq qui avaient été brisées furent refondues en 1757, par Pechoris, de Marseille, et remontées dans le clocher avec les trois autres.

Ce fut une joie publique dans le pays, lorsqu'on entendit de nouveau le doux son de ces cloches dont on était privé depuis onze ans.

On ne reconnaît bien une grâce en ce monde que lorsqu'on en a été privé.

Trente-cinq ans après, toutes ces cloches furent descendues du clocher par ordre de la Convention pour être transformées en canons.

Sauveterre y resta seule jusqu'en 1810.

Le 18 mars 1810, les nouveaux Fabriciens, considérant que « la ville de Grasse possédait, avant la Révolution, une

« sonnerie de sept cloches qui faisait l'admiration des étran-
« gers, la joie et la gloire des paroissiens, et qu'il n'en exis-
« tait plus qu'une, qui fait tout le service, décide l'achat de
« trois cloches nouvelles, pour former la tierce, la quarte et
« la quinte avec *Sauveterre*. »

« Le 18 juin, l'Assemblée déclare que le public voyait
« avec la plus grande satisfaction le chantier pour la fabrica-
« tion des trois cloches délibérées, mais qu'il paraissait re-
« gretter généralement qu'on ne fabriquât pas, en même
« temps, la seconde cloche, connue sous le nom de *Martin*,
« qui était indispensable pour assortir l'harmonie, et l'As-
« semblée a résolu la fabrication de ladite cloche. »

« Le 25 juillet, l'Assemblée se réunit encore, et décide la
« fabrication de la cinquième, de la sixième et de l'octave,
« en suivant toujours pour base l'accord de *Sauveterre*. »

Ces délibérations sont signées : Boulay aîné, Pierre
Artaud, Geoffroy du Rouret, etc., etc.

Le sieur Rosina, de Nice, fondit toutes ces cloches, dans
le jardin de l'Ancienne Visitation, où avait été installé, pendant la Révolution, l'atelier du salpêtre.

Les cloches furent montées dans le clocher le 18 octobre
1810, après la grand'messe, à la suite de la Bénédiction faite
par M. le Curé, sur la place du Grand-Puy.

Voici le nom de nos cloches, avec leur devise :

1° *Sauveterre*, ecce crucem domini, fugite partes adversœ.

Salvo terram, procellam fugo, solemnia indico.

2° *Martin*, gloria in excelsis deo.

Clerum voco, mortuos ploro.

3° *Véran*, benedicam dominum in omni tempore.

4° *Bernard,* SEMPER LAUS EJUS IN ORE MEO.

5° *Thècle,* EXALTATE DOMINUM MECUM.
SOLEMNIA CANO.

6° *Agathe,* LAUDATE PUERI DOMINUM.

7° *Joseph,* PANEM VITÆ JESUM LAUDAT OS MEUM.

8° *Honorat,* CANTATE DOMINO, CANTICUM NOVUM.

Les parrains et marraines ont été pour :

Sauveterre, M. le baron Isnard et Mlle Aimé Isnard (1860).

Martin, M. de Bain, sous-préfet, et Mme Lemore (1810).

Véran, M. Lemore, adjoint, et Mlle de Bain (1810).

Bernard, M. Peillon, juge de paix, et Mme Chabert (1810).

Thècle, M. Pierre Artaud et Mlle Boulay (1810).

Agathe, M. le chevalier du Rouret et Mme Martelly (1810).

Joseph, M. Bertou et Mlle Bertou (1860).

Honorat, M. Boulay aîné et Mlle Gonelle-Artaud (1810).

* *
*

Bernard fut fêlée en 1876, refondue quelques mois après et replacée dans le clocher le 29 mai, à six heures du soir.

Le parrain fut M. Jean Court. La marraine Mme Roubaud-Luce.

Thècle, qui ne donnait pas le son naturel, fut refondue par la même occasion et remontée aussitôt après.

Sauveterre fut fêlée la veille de Noël 1859 et refondue en 1860.

Ce fut à cette époque que fut fondue la septième cloche, *Joseph,* par Bourdin, de Lyon.

Ces deux cloches furent montées dans le clocher, après la Bénédiction solennelle donnée par M. Maunier, curé, le 9 juillet, à six heures du soir.

***

Je trouve, dans une délibération du 5 avril 1812 : « Les
« lézardes existant au clocher, occasionnées par le coup de
« tonnerre dont il fut frappé, il y a dix-huit ans, etc... » et
aussitôt après : « l'incendie de l'intérieur de l'Église avait
« eu lieu, il y a environ dix-huit ans ».

Est-ce que cette indication ne nous désignerait pas la
cause de l'incendie de 1795 ? Il me semble qu'il n'y a pas à
en douter, c'est encore le tonnerre qui a frappé le clocher le
5 septembre 1795 et qui a allumé l'incendie dans ce magasin
de fourrage.

Intérieur de l'Église

L'Église est un vaste édifice de l'époque de transition. Ce
n'est pas encore le pur gothique, l'ogive ne s'élève pas avec
cet élancement gracieux qu'elle prendra plus tard, mais elle
dessine déjà parfaitement sa forme svelte et majestueuse,
qui produit le plus agréable effet. Le plan d'ensemble en est
beau, la voûte est élancée, les collatéraux sont en pro-
portion parfaite avec la nef. Néanmoins, le tout manque
d'ampleur ; c'est trop resserré. Mais la cause en est dans
l'insuffisance du local choisi.

L'architecture du monument est simple et sévère, aucun
ornement ne coupe ses lignes majestueuses; c'est une masse
importante d'un caractère éminemment religieux ; ses formes rigoureusement accusées, son énergie quelque peu

lourde et massive s'harmonisent avec les sévères voussures carrées de la voûte.

Le style est le roman de transition. Comme travail d'art, rien n'a été fait pour l'ornementation ; tout y est gracieux, mais sévère : les croisillons de la voûte sont sans sculptures. Point de symbolisme dans les diverses parties, comme on le voit dans beaucoup d'Églises, où l'on a figuré la plupart des vertus ou des vices sous la forme de personnages ou d'attributs.

Les sculptures de la porte méritent une attention particulière. Cette porte a été faite en 1721, au moment de la construction de la crypte, et elle fut préservée, presque miraculeusement, du grand incendie de 1795, qui détruisit la porte latérale et toutes les boiseries de l'Église.

Comme édifice, notre Église est donc de dimensions fort restreintes, à cause de l'espace étroit où elle est bâtie. Elle se développe pour ainsi dire tout en longueur ; elle y gagne en élégance ce qu'elle y perd en majesté.

La nef principale est superbe, d'une pureté de lignes remarquable, pas trop élancée, mais bien suffisamment pour charmer l'œil par des proportions parfaites. Elle séduit tout d'abord, et c'est dans cet élancement si proportionné que consiste sa beauté principale. Elle aboutit harmonieusement à un chœur, étroit aussi et allongé, dont l'effet est des plus gracieux, quoique ayant été construit bien après l'Église et dans un style différent.

Le sanctuaire, exhaussé de plusieurs marches au-dessus du pavé de la nef, se détache, en quelque sorte, de l'édifice principal, et forme, avec les deux chapelles latérales de la Sainte-Vierge et de Saint-Joseph, élevées presque au même niveau, comme trois centres vers lesquels convergent toutes les pensées et tous les cœurs. C'est le presbytère et le transept, renfermé dans les dimensions des nefs. [1]

Dix piliers ronds et lourds, sur lesquels viennent reposer les retombées des voûtes, partagent l'Église en trois nefs. A chacune de ces nefs correspond une petite abside circulaire selon l'usage des anciennes basiliques. Les absides des petites nefs existent encore intactes, mais l'abside de la grande nef a été coupée pour donner passage au vaste chœur établi derrière l'autel par Monseigneur de Verjus.

Le maître-autel, placé sous le cintre de la voûte formée par cette coupure, se déve'oppe de chaque côté d'une manière merveilleuse, et forme un admirable point de convergence de toutes les parties de l'Église.

La seule chose qui choque dans cette construction remarquable, c'est la lourdeur des piliers et l'encombrement des tribunes que la nécessité a obligé nos évêques à bâtir, dans le XVIIe et le XVIIIe siècle, afin d'y loger les hommes, qui ne pouvaient trouver place dans les nefs. Ces piliers ronds forment une masse disgracieuse au-dessous de la légèreté des voûtes, ce qui a fait croire qu'ils ont été renflés pour donner p'us de solidité aux tribunes. Mais nous avons pu nous convaincre du contraire en sondant l'intérieur de ces lourdes masses. Ces piliers ont été faits comme ils sont, mais ils n'ont pas été terminés. Ils devaient recevoir une autre forme ; et, comme il arrive souvent dans ces grandes

---

(1) Les transepts des Eglises furent élargis plus tard, de manière à former les bras de la Croix. C'était l'enceinte réservée, dans les basiliques romaines, aux gens de Loi et aux officiers de Justice ; plus tard, elle fut destinée aux Clercs et aux Chantres.

constructions, le dernier coup de ciseau n'a jamais été donné.

Il nous est facile de nous en convaincre en examinant les bases et les chapiteaux de ces colonnes. Les bases n'existent plus, mais chacun se souvient encore de les avoir vues, car elles n'ont été enlevées que depuis quelques années. Elles étaient formées d'immenses carrés de pierres de taille mal unies et sommairement travaillées, qui attendaient la dernière forme que devait leur donner l'ouvrier. On peut facilement connaître quelle devait être cette forme. Quatre petits piliers ont reçu la taille définitive. Ce sont les deux pilastres à côté de la porte d'entrée, et ceux qui sont dans le sanctuaire entre l'autel majeur et les deux autels de la Sainte-Vierge et de Saint-Joseph. Ces bases sont très élégantes et on aurait voulu tailler les autres bases sur ce modèle, mais il n'a pas été possible de faire cette réparation parce que les deux premiers piliers, auxquels sont adossés les bénitiers et les quatre derniers de l'avant-chœur et du chœur, avaient été coupés jusqu'à la base. Il est facile de conclure de cet état de choses que ces piliers n'ont jamais été achevés.

Les chapiteaux de ces grands piliers nous fournissent aussi une précieuse indication. Dans la partie interne de la nef on ne peut pas trouver la moindre trace de ces chapiteaux, tandis qu'ils existent, quoique d'une manière informe, sur les côtés et dans les petites nefs, comme on peut le voir dans les tribunes.[1]

Pourquoi ces chapiteaux n'existeraient-ils pas sur le devant si les piliers étaient achevés ? Ne serait-ce pas parce que l'architecte avait le projet de faire descendre jusqu'à la base

______

[1] Les petits chapiteaux actuels sont récents.

les pilastres carrés adossés aux piles, et partant de la jonction des arcs doubleaux ? Ce fut l'avis des architectes nommés par la Préfecture et le Conseil de fabrique, en 1869, pour examiner la solidité du grand pilier placé sous le clocher.

Cette commission, composée de M. Delestra, ingénieur des ponts et chaussées, Sabatier, architecte diocésain, et A. Revoil, attaché à la Commision des Monuments historiques, déclara qu'il fallait exécuter certains travaux, lesquels ont été faits, depuis, pour consolider ce pilier. Envisageant ensuite le monument dans son ensemble, elle dit : « La nef de l'Eglise de Grasse, construite au XIe siècle, est « couverte par une voûte en berceau ogival ; les travées sont « séparées par des arcs doubleaux qui reposaient sur des « pilastres accolés aux piles *qui descendaient jusqu'au sol.* »

Voilà l'opinion de trois ingénieurs de grande valeur ; voilà quel devait être probablement le plan primitif de l'Eglise ; et si ce travail avait été achevé, il aurait singulièrement allégé ces lourds piliers et leur aurait donné une forme plus élégante.

Figurez-vous, au milieu, ces pilastres carrés montant jusqu'à la naissance de la voûte, profilant par leurs arêtes vives toute la hauteur de la nef ; à côté, deux petits piliers ronds semblables à ceux du sanctuaire soutenant les arcs des petites voûtes, et enfin, dans les nefs latérales, un petit pilastre carré de chaque côté, comme nous en voyons le sommet dans nos tribunes, à côté de l'orgue, vous vous rendrez compte de la légèreté des colonnes, et du changement complet de l'aspect de l'intérieur de l'Eglise.

C'est ce qu'on fera sans doute un jour, si l'on veut donner à ce monument son véritable cachet. La dépense serait bien minime et le résultat merveilleux. J'ai visité beaucoup

INTÉRIEUR DE L'ÉGLISE, NEF PRINCIPALE

Anciennes tribunes. - Croix de la Mission de 1830.

d'Églises du xi⁰ et du xii⁰ siècle, je n'ai trouvé dans aucune des piliers ayant la forme de ceux de notre Eglise. N.-D. de Paris, du xi⁰ siècle, n'a que quatre piliers ronds au milieu de cette forêt de colonnettes qui entourent les autres piliers.

La grande Église de St-François, à Assise, présente exactement les mêmes caractères et remonte à la même époque que la nôtre. Elle n'a pas un seul pilier rond, excepté dans la crypte. Mais tous les piliers des deux Églises supérieures sont formés par des colonnettes rondes ou carrées. Enfin, l'Église de Vintimille, bâtie probablement par les mêmes ouvriers que la nôtre, est absolument comme je conçois notre Eglise terminée. Les pilastres descendent jusqu'au sol et de chaque côté se trouvent les deux petits piliers qui soutiennent l'arc des bas-côtés. Donc, ce n'est pas le style de l'époque, comme on a voulu le prétendre, mais c'est plutôt un ouvrage inachevé, comme je crois l'avoir prouvé, que nous présente la forme de ces piliers.

Si l'abbé Poussin, cité par M. Sénéquier dans ses *Notes sur Grasse*, nous parle dans son *Manuel d'Archéologie chrétienne* « de ces piliers massifs sans chapiteaux ou piliers- « colonnes, bâtis en massif de pierres ou de moellons avec « la rudesse d'un art dans l'enfance » qui les reporte à l'architecture romane primordiale, *en ajoutant* « qu'on en « rencontre souvent encore au xi⁰ siècle », n'oublions pas que nous sommes en présence du style de transition. Notre Cathédrale est romane dans son ensemble, un peu lourde dans ses formes générales, mais gothique dans tous ses détails ; et la voûte ogiva'e n'était certainement pas faite pour reposer sur des piliers tels que nous les voyons aujourd'hui.

Comment pourrions-nous douter, d'ailleurs, de la compétence, en cette matière, d'ingénieurs tels que MM. Delestra, Revoil et Sabatier ?

* * *

Quand on se place au centre de la nef principale, on aperçoit distinctement une déviation à droite du milieu du chœur qui ne correspond point à l'axe du centre, le constructeur a voulu ainsi rappeler l'inclinaison de la tête du Christ sur la Croix.

L'énorme croix placée en face de la chaire est la croix de la Mission de 1830, qui avait été plantée à la Foux et transportée ensuite dans l'Église, parce que le bois, qui était frais lorsqu'on l'a plantée, se déjetait.

La longueur totale de l'Église est de 55 mètres dans œuvre de la porte au sommet du chœur, et de 60 mètres hors œuvre. Sa largeur est de 19 mètres.

Elle est divisée en trois travées.

La nef principale a 8 mètres et chacun des bas-côtés, y compris les piliers, 5 mètres 50.

* * *

Pastor, auteur d'une belle *Histoire des Papes*, et professeur d'histoire à l'Université de Fribourg, nous dit que, « parmi les monuments qui ont pu servir de modèle à la « Cathédrale de *Sienne*, on peut citer la Cathédrale de « Grasse. »

Pie II (cardinal Barbo, de Sienne) voulut élever dans sa ville natale une Eglise digne de l'importance de la cité et de la piété des habitants. Plusieurs auteurs allemands, cités par Pastor, pensent que la Cathédrale de Grasse lui servit de modèle. Mais combien plus grande et plus belle est celle de Sienne ! Combien la copie a surpassé le modèle !

Le Chœur

Le chœur est la partie de l'édifice qui se trouve située derrière l'autel majeur. Dans les primitives Églises, l'espace était si restreint, qu'on était obligé de se placer en rond autour de l'autel pour chanter les offices divins, d'où est venue cette appellation de *chœur*. Le chœur proprement dit, est donc le Collège ou l'école des chantres, *schola cantorum*. La chronique nous affirme que les chœurs dans les Églises ne furent séparés de la nef que depuis le règne de Constantin. Les femmes n'ont jamais eu la permission d'y pénétrer pendant les offices. Les hommes se placent ordinairement dans le chœur pour assister à ces derniers et l'Église n'a jamais désapprouvé cet usage. Mais il ne faut pas confondre le chœur avec le *presbytère*, ou lieu réservé aux prêtres, et qui n'est autre que le sanctuaire.

Le chœur est parfois placé devant l'autel, au-dessous du sanctuaire, quand l'autel occupe l'abside, comme à N.-D. de Paris et à notre belle Église de Saint-Maximin ; d'autres fois, le chœur est situé derrière l'autel, comme dans les grandes basiliques de Rome, lorsque l'autel est placé isolément.

***

Dans le cours des âges, le chœur de notre Église n'a pas toujours occupé la même place. Primitivement, avant que le siège épiscopal ne fut transféré à Grasse, et si nous en croyons Mgr de Mesgrigny, les prêtres se plaçaient entre l'autel et l'abside assez étroite, qui terminait alors l'Église de N.-D.

du Puy. Dès que Bertrand d'Aix vint prendre possession du siège épiscopal de Grasse, c'est-à-dire en 1245, le chœur était tout à fait insuffisant pour les chanoines. Il fut d'abord placé, lisons-nous dans un compte-rendu de la visite de la cathédrale faite par Mgr de Mesgrigny en 1717, « au milieu « de la hauteur de l'Église, ayant posé trois poutres sur les « trois premiers piliers de la nef qui portaient les planches « et les chaires du chœur, mais parce qu'il causait grande « obscurité au sanctuaire et à l'Église, le 4 mars 1495. Mgr « Jean-André de Grimaldi fit marché pour le transférer au « même niveau, sur la principale porte de l'Église où sont « maintenant les orgues. Les voûtes, qui soutenaient le « chœur, s'appuyaient sur le mur de la grande porte et sur « les premiers piliers, en entrant dans la nef. Il est resté « ainsi jusqu'à Mgr Louis Aube de Roquemartine, qui, re-« connaissant la difficulté qu'il y avait de descendre et « monter, soit, lorsque l'évêque et les chanoines faisaient « cercle, selon le cérémonial romain, soit lorsque le diacre « ou le sous-diacre montaient pour chanter l'Évangile ou « l'Épitre, le seigneur de Roquemartine transféra le chœur « là où est maintenant le sanctuaire » *(Arch. dép.)*.

Son prédécesseur, Mgr Louis de Bernage, avait déjà eu cette idée, mais, en lutte continuelle avec l'autorité municipale, cet évêque n'avait pu la mettre à exécution. Le projet de Mgr de Roquemartine souleva les plus violentes querelles et les plus sévères oppositions de la part de la Municipalité.

Dans la séance du Conseil général, du 19 janvier 1680, « noble Melchior de Roberty, escuier, sieur de Seilhans, « premier consul de la ville, s'élève contre la nouvelle œuvre « que Mgr l'Évêque fait faire dans l'Église Cathédrale, tant « au presbytère que pour échancrer les piliers, qui substien-

« ...nent la nef de l'Eglise et un diceux en partie le clocher ».

Une instance introduite contre l'Évêque, par devant le lieutenant au siège, n'aboutit à rien. Mgr de Roquemartine fit équarrir les deux premiers piliers pour pouvoir placer les boisserie et ils sont restés dans cet état jusqu'en 1887, époque à laquelle ils ont été de nouveau arrondis.[1] En 1680, l'œuvre était terminée, et le tombeau des Évêques était creusé au pied du maître-autel.

Vingt ans plus tard, la Cathédrale étant devenue insuffisante pour les besoins de la population grassoise, Mgr de Verjus agrandit l'édifice en faisant abattre une partie de l'abside qui la terminait et plaça le chœur derrière le maître-autel, là où il se trouve encore aujourd'hui. Les stalles des chanoines furent placées tout autour. Décoré dans le goût de l'époque, le chœur s'orna, en 1746, c'est-à-dire sous l'épiscopat de Mgr d'Antelmy, du beau tableau de Subleyras : *L'Assomption de la Sainte-Vierge*. En 1757, Mgr de Prunières y fit faire des réparations importantes et le ferma « pour en empêcher l'entrée, dit une délibération « du Chapitre, aux gens de bas-état. La garde en fut confiée « à un bedeau, habillé de couleur violette et dont les gages « étaient de deux setiers de bled par an ». Ce n'était pas onéreux !

---

(1) Ce fut en ce moment qu'on construisit, au grand préjudice de l'Église, deux énormes murs en pierre de taille, sous les voûtes du transept qui soutient le clocher, parce qu'on supposait que les bases n'étaient pas assez solides. Heureusement, on a pu abattre ces murs quelques années après en renforçant le pilier.

Le trône de l'Évêque était au fond du chœur, il fut même replacé de la sorte au rétablissement du culte et ce n'est qu'en 1855, après la proclamation de l'Immaculée-Conception, qu'un autel, en l'honneur de l'Immaculée, fut érigé sous le grand tableau de Subleyras, et les stalles reçurent la place qu'elles ont actuellement.

« Avant la Révolution, le Chapitre était tenu à l'entretien du chœur, des « cloches et des ornements de la sacristie, en conformité de la sentence de « partage de 1222. » (*Arch. départ.*)

Au rétablissement du culte, après la Révolution, on y fit quelques peintures grossières qui n'ont disparu qu'en 1889. A cette date, on exécuta les peintures actuelles. lesquelles, quoi qu'on en ait dit, ne sont pas du plus mauvais effet. et dans ces dernières années, les quatre grandes fenêtres ont été garnies de beaux vitraux, don d'un généreux bienfaiteur. En même temps, le *Lavement des Pieds*, de Fragonard, fortement endommagé lors de l'incendie de l'Eglise en 1795, était placé dans le chœur après une restauration presque complète.

Les Stalles

Le procès-verbal de la visite de la Cathédrale par Mgr de Mesgrigny, en 1717, nous parle du nouvel emplacement des stalles sans rien nous dire de leur beauté ni de leur richesse artistique. Un document antérieur, puisqu'il remonte à Guillaume le Blanc et daté de juin 1595, est plus précis :

« La cité de Grasse, y est-il dit, d'une médiocre étendue,
« est agréable, bien arrosée, posée sur une colline. L'Eglise
« et le palais épiscopal étant situés sur une éminence, le
« gouverneur y a établi, depuis l'année dernière, son quar-
« tier général et en a fait une espèce de château-fort. Un
« poste militaire les occupe : on a démoli la prévôté qui était
« contiguë, de sorte que l'Evêque et le Prévôt sont sans
« habitations. La musique de la maîtrise est excellente, et
« peut-être la meilleure qu'il y ait en Provence. Le chœur

« est placé en forme de tribune, *avec de belles stalles et un*
« *trône épiscopal plein de majesté.* » [1]

Devant une phrase aussi précise, nous nous demandons si
« ces belles stalles et ce trône épiscopal plein de majesté »
n'étaient pas l'œuvre de celui qui avait si bien orné le
chœur de l'Église de Vence en 1499, c'est-à dire Jacques
Bellot, ou de celui qui avait fait les stalles et les sculptures
de l'Église Sainte-Croix, à Nice, Pétraquis, en 1479, tous
deux demeurant à Grasse en ce moment, ou encore de Jean
Etienne qui fit un magnifique rétable à Vence en 1446 et qui
était aussi établi à Grasse. Nous serions tentés de l'affirmer,
car il est probable que les sculpteurs grassois qui travail-
laient pour le compte d'une autre ville, avaient été mis à
contribution par nos Évêques pour une œuvre semblable.

Le Chapitre de Grasse n'était pas moins riche que celui
du diocèse voisin.

D'autre part, nous savons que le sculpteur Bellot se con-
tentait d'un salaire fort minime.

Un mémoire de l'époque, 15 janvier 1499 (Honoré Curti,
notaire), nous apprend que Bellot s'engagea à sculpter la
« boiserie du chœur de l'Église de Vence moyennant 50 pis-
« toles, le pain, 6 outres de vin, une saumone d'annone et le
« bois nécessaire.»

Il est de toute évidence qu'à ce prix Grasse dut avoir aussi
un souvenir de cet artiste. Ces stalles, moins heureuses que
celles de Vence, ne sont pas parvenues jusqu'à nous, parce
qu'elles ont été consumées dans le grand incendie de 1795.

. (1) Il n'est pas certain que l'usage des stalles remonte au-delà du XIIIᵉ siècle
et ce n'est qu'au XVᵉ que l'invention des jubés amena celle des chaires à prêcher. Les confessionnaux n'ont été adoptés qu'à la fin du XVIᵉ siècle. *(Prin-
cipes d'Archéologie,* par R. BORDEAUX).

Après le rétablissement du culte, elles furent remplacées par celles qu'on voit aujourd'hui et qui proviennent de l'Église des Dominicains, ainsi que plusieurs des tableaux qui ornent les murs de notre Cathédrale.

* * *

La visite pastorale de Mgr Guillaume le Blanc est la seule relation qui fasse mention de la beauté de nos stalles, mais les Evêques de Vence ne font pas mention, non plus, dans leur visite, des stalles du chœur de leur Cathédrale, comme j'ai pu m'en convaincre en parcourant les *Archives* de Vence.

Les Autels

Grasse, ville essentiellement industrielle, depuis l'époque la plus reculée du Moyen Age, comptait dans son sein de nombreuses corporations de marchands. Ces corps de métiers, placés sous le patronage d'un saint spécial, tenaient à honneur d'avoir, soit une chapelle dans l'enceinte de la ville, soit un autel dans l'Eglise cathédrale, consacré à leur patron, qu'ils entretenaient avec un soin jaloux.

Les comptes rendus des visites que nos Evêques faisaient à des époques déterminées, nous donnent des détails complets sur la place de ces différents autels, ainsi que sur les fondations pieuses qui y étaient annexées.

Considérant qu'il est intéressant de fixer le souvenir de choses qui ne sont plus, nous donnons dans ce paragraphe le résumé de tout ce que nous avons pu recueillir à leur sujet. Nos lecteurs verront par cela même avec quel soin ces autels étaient entretenus et ils pourront ainsi mesurer l'étendue de la foi de nos pères, qui ne s'était jamais démentie durant tant de siècles. L'incendie de 1795 les a fait disparaître, mais les documents sont restés dans les *Archives* de la Préfecture et ils ne sont pas des moins importants.

*
* *

Lorsque le visiteur entrait par la grande porte, et qu'il tournait vers le collatéral de droite, le premier autel qu'il rencontrait était celui de la Ste Vierge, sous le vocable de l'**Annonciation**. Entretenu par les jeunes filles de la ville, il était en bois doré, richement sculpté. Nous pouvons en voir un reste précieux, arraché à l'incendie, dans le tombeau de l'autel du Sacré-Cœur. Par ce spécimen, on peut juger de la richesse de cet autel.

Dans sa visite de 1712, Mgr de Mesgrigny constate, d'après les dires du Chapitre, que « la pierre sacrée a été chan- « gée plusieurs fois de place, ce qui a pu lui faire perdre sa « consécration. » Le jour des solennités, on exposait, sur le tabernacle, une statue de la Vierge couronnée, tenant dans ses bras l'Enfant Jésus, tout en argent massif, avec une belle couronne d'or. La croix et les chandeliers étaient aussi en argent. Une grande statue, en bois sculpté, reposait dans la niche, entourée de plusieurs croix d'or, et de mille cœurs, en or et en argent, offerts par les fidèles.

Les fondations qui se rattachaient à cet autel étaient très nombreuses ; nous allons en citer les plus importantes, que nous avons retrouvées dans nos *Archives* :

« Une chappellenie fondée par M. Raphel Guérin, de « Saint-Paul-de-Vence, ainsi qu'apert de la fondation reçeu

« par Jacques Courmes, notaire de Grasse, du 25 janvier
« 1490, possédée par M. Merle. »

« Chappellenie d'une messe tous les samedis, fondée par
« Taulane et possédée par M. Henry Raups, curé de la Ca-
« thédrale, du 13 décembre 1530, notaire Mérignon. »

« Chappellenie d'une messe les samedis, possédée ci-
« devant par M. Muraire, fondée par Ugolin en 1588, du
« 13 décembre, notaire Flory. »

« Une chappellenie desservie par M. Arnoux, fondée par
« Artaude, veufve de Mallet Masson, par acte fait en 1660,
« Ribier, notaire. »

« Une chappellenie de Grenoy, sous l'obligation de deux
« messes, possédée autrefois par M. Chéris, notaire Flory
« en 1661 et le 6 décembre. »

Comme on le voit par ce qui précède, l'autel de Notre-
Dame était un de ceux que le peuple vénérait le plus et que
les bourgeois entretenaient avec le plus de zèle, par les fondations qu'ils y avaient établies.

*

Venait ensuite l'**Autel de Saint-Eloi.** — Saint Eloi était
le patron des orfèvres, des maréchaux-ferrants, arquebu-
siers, selliers, couteliers et chaudronniers. Ces différentes
corporations étaient chargées de l'entretien de cet autel, et
l'avaient fort probablement enrichi d'ornements variés de
fer, d'acier et d'argent.

Saint Sébastien et *Saint Roch* étaient également les
titulaires de cet autel, sur lequel on exposait leurs reliques.

*

Le troisième, placé dans la travée où se trouve actuellement le tableau de Charles Nègre, représentant la *Mort de*

Saint Paul, était consacré à **Saint Antoine** et à **Saint Paul.** On dirait que ces saints ont voulu reprendre la place où ils avaient été honorés. pendant des siècles, par nos pères.

Entretenu par les jardiniers, les fleurs naturelles y abondaient toute l'année. Une belle ornementation en bois sculpté, représentant des roses et des fleurs dorées avec soin, formait les gradins et une magnifique tapisserie recouvrait le mur.

L'Inventaire de 1712 énumère de la façon suivante les différentes fondations annexées à Saint Antoine :

« Chappellenie attachée au bénéfice de l'Archiprêtre sous
« le service d'une messe tous les dimanches pendant six
« mois, pour laquelle fondation il y a maisons, olivettes,
« terres et jardin, comme il paraît par acte reçu notaire
« Jean Isnard. en 1396. »

« Chappellenie fondée par Boudet, de laquelle Boniface
« Floris, du lieu du Bar, a été recteur, ne sachant pas qui
« depuis sa mort en a été pourvu. »

« Autre fondation, faite par le nommé Clergue, d'une
« messe tous les vendredis, à laquelle le sieur Joannis, vicaire
« de Gourdon, est obligé de satisfaire. »

« Enfin, une autre fondation faite par Antoine et Benoit
« Boudet, d'une messe tous les samedis, jadis possédée par
« M. Giraud, soy-disant recteur. »

*

Le quatrième et dernier autel de la nef latérale de droite était placé au fond du collatéral, dans la petite abside, à côté de la porte de la Sacristie.

Il était dédié à **Saint Jean-Baptiste**. Les chanoines et les prêtres de la Cathédrale tenaient à honneur d'entretenir sur cet autel des lampes en argent toujours allumées pour obtenir de leur saint patron, le zèle des âmes et l'amour de Jésus. Un magnifique Christ en argent reposait sur le Tabernacle.

Trois fondations se rattachaient à l'autel de Saint Jean :

« La première, par Jean Carante, sacristain de l'Eglise « cathédrale, acte de fondation du 3 juillet 1371, possédée « autrefois par M. Metz, prêtre de Torrettes, le capital sur « le moulin de Chauvier, du lot que ledit Metz devait de « la collocation du capital. La fondation fut augmentée de « 50 livres et réduite à 12 messes et chargée de les mettre « sur un fond.

« La deuxième, par Arnaud de Romay et sa femme, « Honorade de Barras, seigneur de Séranon, du 3 avril « 1663, reçu notaire Flory, à laquelle chappellenie M. Merle « a esté recteur et de laquelle le capital se trouve dans « l'adjudication et héritage, dudit seigneur de Séranon, dont « l'instance est pandante à Valance.

« La troisième, fondée par Mᵉ Jean Guerin, advocat, qui « oblige à 2 messes par année, l'une au jour de la feste de « l'Assomption de N.-D., l'autre le jour de la feste de Saint- « Jean l'Evangéliste. »

Un bras en argent, portant l'oriflamme de Saint Jean-Baptiste, qui est le drapeau de la ville, était fixé au pilier de la chapelle.

*
* *

Dans le collatéral de gauche, le premier autel en entrant était consacré à **Saint Joseph**, patron des menuisiers, sculpteurs et ouvriers en bois. Ces corps de métiers l'entretenaient avec un soin pieux ; aussi cet autel n'était-il qu'un riche morceau de sculpture. Il était surmonté d'une relique de *Saint Aigulphe* renfermée dans une magnifique boîte en argent.

Deux fondations y étaient annexées :

« Une chappellenie fondée par Maximin de la Tour, d'un
« capital de 1.800 livres pour quatre messes par semaine,
« dont le recteur est M. Lamber, du lieu de *Six-Pierre (sic)*,
« ainsi qu'il parait par l'acte de fondation.

« L'autre fondation d'une messe par jour, faite par feu
« Seigneur Louis de Bernages, de laquelle le Chapitre en a
« le fond, qui estoit le jardin à présent possédé par M. de
« Villeneuve Romatoire, et est hypothéqué à ladite fonda-
« tion. »

✳

Le second, à la travée suivante, était dédié à **Saint Honorat**,
le glorieux patron de la paroisse, protecteur vénéré des bou-
langers, mitrons, confiseurs, etc. Les *Archives* nous parlent
de la richesse particulière de cette chapelle. Le buste du
saint, en argent richement sculpté, y faisait pendant à celui
de *Saint Auban*, très vénéré aussi dans le pays, et de même
richesse.

Cet autel possédait deux fondations :

« Une fondée par Mgr de Grimaldy, de deux messes par
« semaine, acte de fondation du 19 septembre 1502, notaire
« Jacques Courmes. — La deuxième, de deux messes l'an-
« née, le fond de laquelle fondation est une baume ou crotte
« aux Hyères, dans une maison appartenant autrefois à
« Audifray, marchand, qui fait cenze de 15 sols annuelle-
« ment, laquelle messe M. l'Archiprêtre come Archiprêtre
« est chargé de satisfaire, come il parait par l'acte. »

✶

Le troisième était consacré aux **Dix mille Martyrs**, sur
lequel on exposait la châsse recouverte de velours violet,
qui contenait quelques ossements des Dix mille mar-

tyrs, ainsi qu'un reliquaire renfermant ceux des *Onze mille Vierges* avec le buste de *Sainte Ursule*, en argent.

Les tailleurs et tous les ouvriers et ouvrières de l'aiguille prenaient soin de cet autel.

Au sujet de cette chapelle, Mgr de Mesgrigny, en 1712, insère la déclaration suivante : « Le Chapitre nous a déclaré
« que tous les vendredis on y vient en procession, chantant
« les litanies des Saints, et y célébrer ensuite une messe
« basse, à laquelle les consuls et tout le Chapitre et collégiés
« y assistaient, et son retour était en procession de même ;
« qu'il y a deux autres fondations : l'une, faite par Mgr Ra-
« buis. d'une messe par semaine que MM. les Bénéficiers
« sont obligés de célébrer ; l'autre, faite par le nomé Cava-
« lier, à laquelle chappellenie M. Ricord avait nomé pour
« recteur M. Antoine Cavalier, chanoine, pour en faire le
« service, suivant l'acte de fondation du 10 décembre 1611,
« notaire Flory. »

Quels étaient donc ces martyrs et ces martyres, qu'on l o-norait ici d'une façon si particulière ? Ce sont certainement Saint Maurice et les 10.000 soldats de la Légion Thébaine, Ste Ursule et ses onze mille compagnes. Ces dernières reliques venaient des Ursulines, établies à Grasse sous le pontificat de Mgr de Boucicault. Laissez-nous vous raconter l'histoire de ces martyrs et martyres. Elle est au nombre des souvenirs qui se perdent et qu'il est bon de fixer pour l'enseignement des âges futurs :

Saint Maurice commandait la Légion Thébaine, corps d'élite qui n'était composé que de Chrétiens.

Après le passage des Alpes, l'empereur Maximien avait choisi un lieu propice pour faire reposer ses troupes, et il résolut d'offrir aux dieux un sacrifice solennel pour le succès de ses armes. A cette nouvelle, Maurice et sa Légion s'éloignèrent du camp, pour ne pas être réunis avec le reste de l'armée pendant le sacrifice. Furieux, l'empereur ordonna que la Légion fut décimée. Mais, loin d'effrayer la glorieuse phalange, cet ordre ne réussit qu'à exciter son zèle pour le martyre. « Nous sommes vos soldats, disaient les Légionnaires à Maximien, mais nous sommes aussi les serviteurs du vrai Dieu ; nous vous devons l'obéissance, mais nous la devons à notre Créateur et Maître avant vous ; nous sommes prêts à nous battre contre vos ennemis, mais nous ne pouvons violer le serment que nous avons fait à Dieu de n'adorer que lui seul et Jésus-Christ son fils unique. »

A cette réponse, Maximien ne se possédant plus, donna l'ordre du massacre général, et, chose digne d'éternelle mémoire, on vit 10.000 guerriers mettre bas les armes et se laisser égorger comme des agneaux avec une joie pleine de sérénité.

Pas un seul ne se démentit.

*

M. Jules Lemaître nous a raconté la gracieuse légende des Onze mille Martyres, dans son bel ouvrage de *La Légende dorée :*

Ethérius, roi païen d'Angleterre, ayant demandé la main d'Ursule, fille du roi de Bretagne, cette princesse lui avait donné trois ans pour se convertir à la foi chrétienne.

Elle résolut de faire, pendant ces trois années, un grand pèlerinage à Rome. Elle-même et chacune de ses dix filles d'honneur seraient accompagnées de mille vierges. Le roi son père publia donc un édit par lequel il invitait ses sujets à lui envoyer onze mille vierges dans un délai de trois mois.

La Bretagne les fournit aisément.

Elles arrivèrent en foule au palais du roi et, bientôt, elles furent au nombre de dix mille neuf cent quatre-vingt-dix-neuf.

Celle qui manquait était Cordula, fille de pauvres pêcheurs, enfant bonne et pure, mais que la destinée, semblait-il, avait condamnée à être toujours en retard. Elle était venue au monde après terme.

Quand elle connut l'édit du roi, elle se mit à filer du lin pour s'en faire une belle robe blanche et figurer décemment dans le cortège virginal. Mais son écheveau s'embrouillait à chaque instant, ou son fuseau se rompait. Ensuite, le tisserand fut malade et ne put livrer sa toile au jour promis. Puis, la couturière, ayant mal pris les mesures, fut obligée de recommencer la robe... Si bien que, lorsqu'enfin

Cordula se présenta au palais du roi, les vierges, qui l'avaient longtemps attendue, venaient de partir sur onze trirèmes, pour la ville de Tita, sise à l'embouchure du Rhin.

Cordula ne se découragea point. Elle loüa une petite barque et recommanda au batelier d'aller le plus vite qu'il pourrait.

Mais, quand ils eurent quitté le rivage, le batelier, la voyant fraîche et jolie dans sa robe neuve, fut ému d'un désir coupable et voulut le lui signifier.

Elle fit, alors, cette prière :

—Mon Dieu, je sais que vous n'imputez point à vos créatures les actes involontaires. Ce n'est donc pas pour moi, mais c'est pour votre gloire, que je vous prie de me sauver de ce péril. Car il ne serait pas convenable et il serait indigne de vous qu'une des onze mille filles qui vous rendront témoignage à Rome fût secrètement souillée. Non, vous ne souffrirez pas que, par le crime d'un homme grossier, il y ait une pie parmi ces colombes.

Et, s'adressant au batelier :

— Au reste, ajouta-t-elle, si vous insistez, je fais chavirer la barque. Mais, si vous m'épargnez, le salut de votre âme est certain, car je le dirai là-bas à mes compagnes, et onze mille brebis sans tache prieront pour vous.

L'homme, en qui tout bon sentiment n'était pas éteint, se rendit à ces raisons. Il se mit à ramer de toutes ses forces et sans oser même lever les yeux.

En approchant du port de Tita, Cordula vit les onze navires et se crut au bout de ses peines, Mais ils étaient vides : Ursule et les vierges étaient en train de remonter le fleuve sur des bateaux plus petits.

— Oh! dit Cordula, puisqu'elles remontent le courant, elles n'iront pas très vite, et je les rejoindrai sûrement.

N'ayant plus d'argent, elle fit la route à pied. Elle mendiait de village en village; elle couchait dans les greniers, ou à la belle étoile.

Une fois, elle lava dans le fleuve sa robe souillée par la poussière et par la boue des chemins. Elle comptait que le soleil la sècherait rapidement. Mais la pluie survint. Cordula attendit deux jours et finit par remettre sa robe, encore toute mouillée.

Une autre fois, étant entrée dans une chaumière isolée pour y demander du pain, elle y trouva une vieille femme couchée et malade, et qui n'avait personne pour la soigner. Cordula s'installa auprès d'elle et ne la quitta point qu'elle ne fût guérie. La pauvre fille y eut d'autant plus de mérite qu'elle était torturée par la fuite des heures et par l'idée que, pendant ce temps-là, l'armée des vierges s'éloignait toujours davantage. Et cette bonne action lui fit perdre encore une semaine.

Un soir, enfin, elle atteignit la ville de Bâle. Sans regarder le fleuve d'émeraude ni les découpures violettes des clochers et des pignons sur le ciel tout en or, elle s'enquit du passage des vierges et apprit qu'après avoir été reçues en grande pompe dans toutes les églises, elles étaient reparties depuis trois jours.

Elles avaient de l'argent ; elles étaient bien nourries ; elles avaient loué onze cents charrettes ; et, plus tard, elles traversèrent les Alpes sur onze mille dix mulets.

Cordula n'avait que ses jambes. Elle reprit, à pied, sa route interminable. Elle marchait, marchait, sans souci des pierres, des ronces, de la poussière, de la pluie ni du vent, les yeux de l'esprit ardemment fixés sur le but de son voyage. Et, les jours succédant aux jours, à force de marcher, elle vit, un beau soir, Rome à l'horizon.

... On lui dit que les vierges avaient passé un mois à Rome, dans de saintes réjouissances, qu'elles avaient été fêtées par le pape, qu'elles étaient reparties la veille, pour se rendre à Cologne, et qu'ainsi elles devaient être à une journée de marche.

Cordula se remit en route, guidée par l'odeur du lis que l'armée virginale laissait derrière elle.

Or, « deux chefs des troupes romaines, hommes pervers, Maxime et Africanus, voyant à Rome cette grande multitude de vierges, et que beaucoup d'hommes et de femmes allaient les consulter, avaient craint que la religion chétienne n'en reçut un accroissement considérable. Et, alors, ils avaient envoyé des émissaires à Jules, leur parent, prince des Gètes et des Huns, afin que, marchant contre elles avec ses soldats, il les tuât lorsqu'elles seraient arrivées à Cologne ».

C'est pourquoi, lorsque Cordula approcha de la ville (quelques heures trop tard), elle vit, dans une grande prairie, avec la princesse Ursule et ses dix filles d'honneur, les dix mille neuf cent quatre-vingt-dix-neuf vierges en robes blanches, sur qui les Gètes et les Huns décochaient leurs flèches avec régularité. Les petites martyres aux fronts bombés se tenaient toutes droites, et chacune, attendant sa flèche, faisait le geste d'écarter doucement une grosse mouche, comme on le peut voir dans les images que Memling a peintes sur la châsse de sainte Ursule. Elles tombaient sagement, les coudes au corps, par files entières, avec de petits cris modestes.

Et ce fut, bientôt, une immense jonchée de robes blanches, tachées de sang çà et là ; et la prairie ressemblait à un étrange champ de neige semé, par traînées, de vifs coquelicots.

Cordula eût voulu se joindre à ses compagnes. Mais sa robe, après ses longs voyages, était en si piteux état, qu'elle en eut honte, et qu'elle ne se jugea pas assez bien habillée pour le martyre.

Et peut-être aussi qu'elle eut peur.

Elle se réfugia dans un bois et s'y endormit. Un ange lui apparut pendant son sommeil :

— Tu me fais tort, chère Cordula, lui dit-il. Le Seigneur a envoyé onze mille onze anges pour recueillir, au sortir de leur prison de chair, les âmes de sainte Ursule, de ses dix suivantes et des onze mille vierges. C'est moi qui devais emporter la tienne : voudras-tu que je retourne au paradis les mains vides, et que les autres anges rient de moi ?

Le lendemain, Cordula se présenta seule aux barbares, qui l'égorgèrent dédaigneusement, Et son supplice solitaire fut, assurément, plus douloureux et plus méritoire que celui des vierges qui étaient mortes toutes ensemble.

Pourtant, on l'oublia dans la liste des martyrisées et dans la fête annuelle qui fut instituée en leur honneur.

Mais elle apparut à un saint abbé qui avait une dévotion spéciale pour les onze mille vierges (sans en préférer aucune), lui conta son histoire et lui exprima timidement le vœu que l'on célébrât sa fête le lendemain de celle de ses compagnes.

Ainsi fut fait ; et elle eut sa messe pour elle toute seule.

Certes, elle l'avait bien gagnée, cette patronne ingénue des ratés, des malchanceux, des retardataires, — de tous ceux qui « manquent le train ».

Jules Lemaitre,
de l'Académie Française

Le Ciel ne permit pas que ces cadavres, qui couvraient la campagne, fussent dépouillés de leurs habits dont la richesse tentait les Huns. Ceux-ci, saisis d'une terreur panique, prirent la fuite et les habitants de Cologne, avec l'aide des Anges, enterrèrent les servantes du Seigneur, dans un champ qui porte encore aujourd'hui le nom de *Champ de Sainte Ursule.* Plus tard on y éleva une Église magnifique.

(*Vie des Saints*)

Le quatrième et dernier autel, placé au fond de la nef, était dédié à **Sainte Anne**. Mgr de Roquemartine, dans sa visite de 1679, nous en fait une description exacte : « Le rétable « représente la Sainte-Vierge et le petit Jésus, Sainte Anne, « Saint Joseph, Saint Joachim et Saint Jean-Baptiste. Il est « garni de fort belles co'onnes. Au-dessus duquel ornement « est l'image de Dieu le Père, les armes du Roy, au mitan « celles du Seigneur Evêque... Dans la niche, l'image de « Sainte Anne et la Sainte Vierge... L'autel est de pierre ». Mgr de Mesgrigny, en 1712, le trouva abandonné et en confia le soin aux sœurs de la Confrérie de Sainte-Anne.

Cette chapelle possédait plusieurs fondations, dont voici les principales, d'après l'Inventaire de 1712 : « La première, « faite par le sieur Muttonis, possédée jadis par M. Girard, « prêtre, laquelle est vacante et n'est pas desservie. La « deuxième, faite par M. Muttonis d'une messe tous les sa- « medis, que le sieur capiscol est obligé de dire ou de faire « dire, comme il est porté par l'acte de fondation du 16 juil- « let 1666, notaire Flory. Plus une autre fondation faite par « diverses personnes, desservie par M. Delions, dernier « possesseur. L'acte est du 26 mars 1655, notaire Bertrand. « Plus une autre fondation faite par Audifret, dont cinq « messes par année, dont le Chapitre de Grasse en faisait « dire les messes, acte de fondation du 7 novembre 1663, « notaire Bertrand ».

*
* *

Ces autels, adossés au mur, étaient décorés de peintures murales, de bas-reliefs ou de tableaux à volets. Ils n'avaient ni rétable, ni tabernacle, mais étaient ornés de sculptures en bois ou en albâtre richement travaillées, et rehaussées de couleurs et de dorures.

L'Inventaire de 1712 signale en outre l'*Autel de Saint-Barnabé*, entretenu par les enfants de chœur. Nous n'en pouvons déterminer la place. Il fait aussi mention d'un autel *de Sainte-Croix*, démoli à cette date (1712), titulaire d'une fondation, reversée sur l'autel de Saint-Joseph, à sa disparition. (1)

D'autres autels avaient encore existé dans la Cathédrale, entre autres ceux de *Sainte-Catherine*, de *Saint Jacques* et de *Sainte-Barbe*, tous titulaires de fondations. Faute de documents, nous ne pouvons désigner les places qu'ils occupaient. « Hugues de Courmes, notaire à Grasse, fonda une « chappellenie à l'autel *Ste-Catherine* en 1394. » Dominique « Depichon, marchand, fonda une chappellenie à l'autel de « *Saint-Jacques*, en 1373, et Georges Trastour fonda une « chappellenie en l'honneur de Sainte Barbe, en 1507 ».

La Corporation des tanneurs avait pour patron *St Claude*. Nous trouvons dans les *Archives Municipales* un don de 60 livres pour la décoration de l'autel de St Claude. Où était-il placé ? Les *Archives* sont muettes.

La Corporation des médecins et chirurgiens avait pour patron *St Cosme*. « Les médecins étaient tenus de déclarer aux « Consuls les maladies suspectes. Les chirurgiens ne pou- « vaient pas faire la barbe les dimanches et jours de fête.

« Les apprentis payaient trois livres en entrant dans la « corporation et cinq sous le jour de la fête de St-Cosme. *(Arch. mun.)*

L'Autel Majeur ou maître-autel, était le plus beau, le plus riche de tous. Le sépulcre était en marbre rouge, le taber-

---

AUTEL MAJEUR. - SANCTUAIRE ET CHŒUR

Ornementation de l'autel pour la Fête de l'Adoration perpétuelle,
magnifique « gloire » de Bailet.

nacle, les gradins et la gloire en marbre blanc statuaire. Les statues des quatre Évangélistes étaient placées au milieu de colonnes magnifiquement sculptées, dont je crois avoir retrouvé un reste qu'on peut voir à la sacristie. Le jour des grandes fêtes et solennités, on le recouvrait de riches étoffes et de draperies d'Orient. Il excitait, paraît-il, l'admiration de tous les artistes qui visitaient la Cathédrale.

C'est sur cet autel qu'on exposait, les jours de fêtes, les bustes en argent de *Saint Honorat* et *Saint Pierre d'Alexandrie*, contenant les reliques de ces saints, et remplacés actuellement par des bustes en bois.

« Six grands chandeliers, avec la croix, tout argent, ornaient les gradins ».

« *Bernard de Paule*, évêque de Grasse (1425), avait laissé « au Chapitre 200 florins pour quatre anniversaires à l'Autel « Majeur.

« Noble *Auban d'Agoult* élut sa sépulture dans l'Eglise « Cathédrale de Grasse, et légua 200 écus d'or *au soleil* « pour deux anniversaires.

« Mgr de *Bernage*, évêque de Grasse, Mgr *Godeau*, « Mgr *Jean Guérin*, Mgr *de Boucicault*, les Demoiselles « *Anne* et *Renée de Villeneuve*, Dame *Julie de Bompard*, « Dame *Renée de Barbaroux*, *Honoré de Grasse*, *César* « *de Masin*, *Jean de Théas*, *François Vitalis*, Seigneur de « *Callian*, *Marthe de Marcy*, *André de Grimaldi*, etc., etc. « fondèrent aussi divers anniversaires. »

*
* *

Tous ces autels, y compris l'Autel Majeur, ont disparu dans le grand incendie de 1795. Il ne nous en reste que quelques épaves. Ils ont été remplacés par les quatre autels que nous voyons aujourd'hui. Les deux autels des petites absides des collatéraux, dédiés anciennement, l'un à Sainte Anne et l'autre à Saint Jean-Baptiste, ont fait place à deux autels de marbre blanc, de fort bon goût, consacrés à la *Sainte-Vierge* et à *Saint Joseph*.

Les deux petits autels de la dernière travée de chacune des nefs latérales, à côté de la grande porte d'entrée, sont dédiés aux *Ames du Purgatoire* et aux *Saints Jean-Baptiste* et *Jean l'Evangéliste*. Ce dernier autel provient de la chapelle des Augustins (actuellement le théâtre), d'où il fut transporté d'abord à l'Oratoire, par le zèle des habitants du quartier, et définitivement apporté à l'Église paroissiale.

Le maître-autel actuel date de 1847. Il est tout entier en marbre blanc. Bien qu'il ne soit pas dans le style de l'Église, nous ne devons pas moins l'admirer pour sa facture imposante et pour sa richesse artistique.

Le Saint-Sacrement

Chacun de nos Évêques s'était appliqué à apporter un embellissement nouveau à son Église cathédrale. C'est à Mgr d'Antelmy que nous devons la magnifique annexe dite : *Chapelle du Saint-Sacrement*.

Le projet de la construction d'une aile débordant sur la petite place à côté de l'Église avait été conçu depuis longtemps déjà, mais, soit embarras financiers, soit procès incessants entre l'Evêque et le Chapitre, ce projet n'avait pu

MAGNIFIQUE CHAPELLE DU SAINT-SACREMENT

Beau rétable de l'autel. - Statues des Évangélistes.

être mis à exécution. Le devis en avait été fait, l'annexe devait être tout d'abord beaucoup plus grande qu'elle n'a été exécutée, mais lorsque Mgr d'Antelmy fit creuser les fondations, dans le petit cimetière des pauvres, attenant à l'Église, on s'aperçut qu'on ne pourrait pas s'établir sur un terrain solide. L'entrepreneur, qui s'était chargé de la construction de cette chapelle pour une somme de 17.000 livres, fut obligé de renoncer à ce travail (1738).

Mgr d'Antelmy, qui n'abandonnait pas facilement ses projets — il nous a donné des preuves de sa ténacité dans ses procès et ses triomphes sur le vicaire apostolique d'Antibes, sur son Chapitre et sur le monastère de Lérins — fort de son amitié avec le cardinal de Fleury, premier ministre, et de son revenu de 22.200 livres qui lui permettait d'effectuer certaines dépenses, continua à faire des fouilles.

Le terrain ayant été trouvé plus solide, vers les parties voisines du mur de l'Église, il se décida à l'érection de cette annexe, sur le plan adopté primitivement, la longueur étant diminuée de quelques mètres et le prix de construction réduit à 12.200 livres (1739). On permit à l'entrepreneur, le nommé Claude Germain, de prendre les pierres dans les carrières du Grand-Puy et de Saint-Hilaire. Aussi, le Saint-Sacrement n'a t-il pas été construit en pierres de taille, mais bien en pierres de tuf, qui sont très abondantes dans le pays. Les travaux ne traînèrent pas en longueur.

A ce moment, vivait à Grasse un sculpteur sur bois et sur plâtre, Bailet, qui était célèbre pour la riche décoration qu'il avait exécutée dans le sanctuaire de N.-D. de Valcluse, peu de temps auparavant. Nous ne reviendrons pas sur ces travaux, que nous avons décrits en détail dans notre monographie du pèlerinage vénéré, mais c'est grâce à eux que

Mgr l'Evêque jeta les yeux sur cet artiste et lui confia l'embellissement de ce qui devait être le plus beau fleuron de sa
Cathédrale.

Notre sculpteur avait dû, fort probablement, aller en Italie,
s'inspirer des monuments de Rome et de Florence et
du style si riche et si varié de la Renaissance. La tradition
nous rapporte que c'est à l'Eglise Sainte-Marie-Majeure,
à Rome, dans la chapelle Borghèse, qu'il conçut son plan,
et qu'à son retour à Grasse, il fixa ses idées sur le plâtre et
sur le bois, puisqu'il n'avait aucun marbre à sa disposition.

Quoi qu'il en soit, le jour où l'artiste donna son dernier
coup de marteau, lorsque le voile qui fermait l'entrée tomba
pour donner accès de l'annexe au public, ce ne fut qu'un
cri d'admiration, renouvelé, depuis lors, par tous les visiteurs.
Bailet pouvait être content de son œuvre. Il venait de produire, dans toute la puissance de son génie, un bijou qui n'a-
vait rien à envier aux plus belles chapelles d'Italie, sinon
par la richesse, au moins par l'élégance.

Nous ne pouvons que nous incliner devant tant de no-
blesse et de grâce. Les guirlandes de fleurs, les écussons,
les moulures, largement imitées de l'Antique, les chapiteaux
en feuilles d'acanthe, fouillées avec tant de soin, les frises aux
arabesques variées, les architraves, les rinceaux, sont tous
autant de petits chefs-d'œuvre. La voûte, de moyenne étendue, est symétriquement divisée en panneaux d'égale grandeur, ornés de sculptures variées : fleurs, fruits, figures
emblématiques. Mais tout ceci n'est rien, à côté du sanctuaire. On sent que l'artiste a voulu se réserver pour cette
partie sacrée, et donner là toute la mesure de son art.

Deux grands anges aux ailes éployées soulèvent avec une
grâce infinie, et d'un geste absolument léger, le grand rideau

à pendentifs en forme de lambrequin. On serait tenté de s'approcher, tellement l'illusion est grande, pour voir si ce voile n'est pas réel et si on ne se trouve pas en présence d'une étoffe de soie, aux couleurs chatoyantes, au lieu d'être devant un travail de plâtre durci. Mais si les anges écartent le rideau, c'est pour nous montrer une scène d'un sens artistique remarquable, un coin du royaume céleste : une infinité d'anges au milieu des nuages. Le tout tellement vaporeux, illuminé par des rayons dorés si bien disposés qu'on se demande, d'après un orateur célèbre, où la terre finit et où le Ciel commence. On sent, dans tout cet ensemble, un caractère de grandeur empreint d'une majesté infinie qui élève l'âme au-dessus de ce monde.

Le beau rétable de l'autel, qui paraît être une imitation de certains rétables des Églises d'Espagne, tout en bois doré et sculpté, garni de feuillages, de volutes, de cimaises, de nervures du meilleur effet, destiné à enfermer une œuvre remarquable d'un enfant du pays, le *Lavement des Pieds*, de Fragonard, est surmonté par un ostensoir merveilleux, fouillé avec un soin recherché, reposant sur deux petites délicieuses têtes d'anges, qui sont tout ce que l'art peut donner de plus céleste et de plus idéal. Enfin, de chaque côté de ce rétable, et comme pour le continuer, l'artiste a emménagé deux panneaux dans lesquels il a semé de beaux emblèmes décoratifs, tels que : calices, ciboires, croix, tables de la Loi, Saintes-Écritures, cierges, gerbes de blé, cassolettes, grappes de raisins, encensoirs, etc.

Ce qui fait le mérite de toutes ces sculptures, c'est la finesse, l'élégance, la pureté, l'incroyable perfection des profils et des contours.

Cette merveilleuse décoration fut complétée par un autel splendide composé de marbres antiques et richement décoré de magnifiques sculptures. Ce monument, dû à la libéralité de la Confrérie du *Corpus Domini* et au legs de *M. François Isnard* qui, à cette époque, avait donné une partie de ses biens à partager entre l'Église Cathédrale et la chapelle de N.-D. de Valcluse, fut exécuté à Aix par le sieur Dominique Tossati, pour la somme de 4.900 livres, sous la condition que « les directeurs de la Confrérie paieraient les nolis, les droits « et la voiture de tout le marbre, depuis Marseille jusqu'à « Grasse, qu'ils fourniraient le fer et qu'ils paieraient les « maçons qui s'aideraient à mettre l'autel en place. »

Transporté à Grasse avec des précautions infinies et mis en place d'après les conditions indiquées, les directeurs trouvèrent qu'il n'était pas conforme au plan signé par Tossati. De là, nomination d'experts, qui décidèrent que les « différences constatées étaient toutes à l'avantage de la Con-« frérie et qu'elles tendaient à la plus grande perfection de « l'autel ». Sur ces conclusions, les sous-directeurs donnèrent pouvoir au sieur Teisseire, économe, de terminer amiablement toutes leurs contestations avec le sieur Tossati, en convenant que « moyennant la somme de 2.700 livres il ferait « à l'autel tous les changements exprimés dans la délibération « du 16 septembre 1753 ».

Cet autel fut très endommagé par l'incendie, mais des réparations récentes l'ont sauvé de la ruine la plus complète.

Le tabernacle, vaste, imposant et majestueux, est d'une forme très artistique. Les anges, qui sont au-dessus de la porte et qui ont servi de modèle à une infinité de sculpteurs et de peintres, ont une grâce infinie. La partie supérieure s'élève légèrement, pour servir de piédestal à la croix. Le tombeau, formé de marbres variés où l'on retrouve le vert antique, est d'une élégance extrême. Les riches sculptures de côté, fouillées avec tant de soin, et que nous ne cessons d'admirer, en font une œuvre qui vaut bien tout ce qu'on a trouvé de plus remarquable dans nos églises du Midi.

Que dirons-nous des statues des quatre Évangélistes, lesquelles, placées dans de grandes niches, ornent les murs latéraux. Nous les devons encore au burin de notre sculpteur bien-aimé. D'aucuns ont trouvé qu'elles étaient trop grandes pour les faibles dimensions de la chapelle. D'autres, au contraire, estiment qu'elles ne déparent nullement ce sanctuaire, mais qu'elles en sont le plus bel ornement. À notre avis, elles forment bien un contraste avec la légèreté et la grâce des autres sculptures, mais le génie d'un maître a souvent de pareilles audaces.

Chaque statue, prise à part, et considérée avec attention, est d'un fini étonnant, surtout quand on remarque que c'est du plâtre durci et travaillé sur place par Bailet. Les culs-de-lampe, les têtes d'anges, les accessoires sont d'un naturel extraordinaire. La tête de Saint Luc présente une analogie frappante avec celle du *Moïse* de Michel-Ange. Peut-être Bailet, dans un moment de réminiscence, avait-il voulu fixer les traits d'un chef-d'œuvre du Maître.

*

Quoi qu'il en soit, dès que l'annexe fut terminée, elle fut l'objet des soins et des offrandes de la Confrérie du Saint-Sacrement, dont la fondation remontait à 1448 et dont les statuts venaient d'être renouvelés par Mgr de Verjus. Les recteurs de cette association, choisis parmi les plus notables dans le pays, avaient le privilège de porter les bâtons du dais à la procession du Saint-Sacrement.

Ce fut cette Confrérie qui décida de confier à Bailet la confection d'une « *gloire* » qu'il devait faire aussi belle que possible. Malgré la Révolution, la « *gloire* » nous est restée, et comme, par sa facture, elle mérite plus qu'une mention, je ne puis résister au désir d'en faire une description sommaire.

Ce fut la dernière œuvre de Bailet, le « *chant du Cygne* » et l'artiste, comme s'il avait eu la secrète intuition de sa fin prochaine, mit dans cet ouvrage tout ce qu'il avait d'art et de talent. Il fallait que cette œuvre cadra avec le merveilleux rétable de l'autel et qu'elle le compléta.

Le piédestal formant plate-forme et finement ciselé, supporte deux palmiers, fouillés de la façon la plus délicate. Les feuilles en sont nettement détachées, et s'épanouissent au sommet, pour laisser échapper des gerbes de dattes.

Ces arbres bibliques, évoquant le souvenir oriental des régions vénérées de la Palestine, soutiennent une corniche, dont la frise est ornementée d'arabesques délicieuses, de médaillons finement ciselés, au milieu desquels se jouent des anges au corps fluet et gracile. La partie supérieure, elle aussi, est très délicatement ornée de fleurs variées et de colombes. Le tout est surmonté de six palmes recourbées, supportant une coupole, sur laquelle l'artiste a découpé des feuilles d'acanthe et au-dessous de laquelle vole une grande colombe. Enfin, la coupole supporte une croix à rayons, élégante en sa simplicité, et complétant harmonieusement le reste de l'œuvre.

Il est à croire que Bailet mourut, la « *gloire* » terminée, car le Registre des délibérations de la confrérie du Corpus Domini nous dit que la somme de 240 livres, montant de la confection de cet objet d'art, fut payée à sa veuve.

Pour rendre cette exposition plus digne de figurer sur l'autel, la Confrérie chargea le sieur Romain de la dorure de cette œuvre et lui paya 240 livres. En même temps, une broderie splendide [1] commandée à Lyon, pour la somme de 1.656 livres, venait compléter somptueusement ce travail, qui fut la « *Gloire de Bailet* ». Pour mémoire et par curiosité, nous citerons le prix total de ce petit chef-d'œuvre, qui ne coûta pas moins de 2.259 livres 17 sols.

Deux lampes d'argent, du poids de 20 marcs chacune et du prix de 3.690 livres, furent exécutées pour orner le devant de l'autel ; on acheta une tapisserie de brocatel de 1.273 livres, un dais de 1.200 livres et *six* chandeliers, avec croix d'argent, fabriqués à Draguignan par le sieur Manuel, pour la somme de 5.140 livres. Les statues avaient coûté 1.100 livres et le rétable 2 323 livres. En tout, 46.377 livres furent dépensées pour cette chapelle, ce qui représente au moins une somme de 100.000 francs, de nos jours.

*

Depuis lors, la chapelle du Saint-Sacrement fut constamment embellie. Si nous continuons à tourner les feuilles du Registre des délibérations, nous verrons qu'en 1755, Fragonard exécuta, pour son rétable, le fameux tableau du *Lavement des Pieds*, qui, avec la *Visitation de la Vierge*, est le seul tableau religieux du grand artiste. Il lui fut payé 700 livres.

Le cadre du tableau, que nous avons déjà décrit, fut exécuté par Bailet, pour la somme de 500 livres. La dorure, confiée aux soins des frères Romains, coûta la somme de *cinq cent soixante-douze livres*.

---

[1] Cette broderie fut envoyée de Lyon par le courrier de Rome, à l'adresse M. Fortier, à Antibes. *(Arch.)*

Il est à regretter que cette œuvre d'art ait été enfumée et racornie, lors de l'incendie de 1795. Nous devons nous estimer heureux qu'elle n'ait pas été la proie des flammes, et si nous l'avons fait enlever de son ancienne place, pour la mettre dans le chœur, c'est afin que les artistes et les connaisseurs puissent l'admirer plus librement et en étudier les détails de plus près. La peinture a peu souffert du feu, elle n'est point éraillée, c'est la toile seule qui a été boursouflée.

*
* *

Continuant à apporter des embellissements à son œuvre, la confrérie du Corpus Domini fit exécuter, en 1782, une grille en fer forgé, destinée à fermer l'entrée de l'annexe. Cette grille coûta 3.220 livres. Son existence fut des plus sommaires, car peu de temps après, en 1790, elle fut enlevée par la Révolution avec tous les autres fers qui se trouvaient dans l'Église, y compris la table de communion du maître-autel, qu'avait fait placer Mgr de Mesgrigny.

Par délibération du 14 juin 1759, il fut donné pouvoir au trésorier de faire dorer tous les attributs, gloire, baldaquin et rideaux qui se trouvaient au fond de la chapelle, au-dessus de l'autel. Cette dépense se monta, suivant le devis qui fut présenté par La Fontaine, doreur, et approuvé par le bureau, à la somme de 900 livres. L'ouvrage fini, une indemnité de 24 livres fut accordée au dit doreur pour certaines petites réparations, qu'il exécuta au tableau, lequel était endommagé et troué en deux endroits. Le carrelage en marbre et les peintures coûtèrent 804 livres.

*
* *

Dans ces dernières années, la chapelle du Saint-Sacrement a été richement et brillamment décorée ; une élégante table de communion, deux beaux reliquaires sur colonnes de marbre des Pyrénées, et deux séraphins, portant les chandeliers à sept branches, élevés sur deux grandes colonnes de marbre de Saint-Vallier, complètent l'ornementation. Aussi l'ensemble actuel de notre annexe est d'un très bel effet.

Les peintures, très fines, font ressortir admirablement les sculptures et les rinceaux. Rien ne choque. L'or y est mis à profusion. Le jour y est vif, mais tout cela ne fait que rehausser la beauté du lieu.

C'est Dieu qui habite ce sanctuaire, Dieu, lumière pure et divine qui éclaire l'homme. Le soleil avec son éclat n'est-il pas la plus grande image de Dieu ? C'est la vérité qui jaillit de toutes ces sculptures, la vérité en une clarté vive et resplendissante.

Le Divin Sacrement est conservé nuit et jour dans le tabernacle de l'autel. Trois des cinq lampes qui descendent de la voûte brûlent constamment. Avant la Révolution, ces lampes étaient en argent ainsi que tous les accessoires de l'autel, croix, chandeliers, etc. Comme tant d'autres, ces trésors ont disparu dans la tourmente.

Remarquons, en passant, les deux riches reliquaires exposés au-dessous de la statue de Saint-Jean et de celle de Saint-Luc, qui renferment, l'un le chef de Saint Honorat et l'autre celui de Saint Aygulphe. Ce dernier reliquaire, en bois doré, est ancien, datant du xvie siècle ; il provient sans doute de la chapelle de Sainte-Croix, la *Sainte des Saintes des Chapelles de Lérins*. La tête de Saint Honorat reposait, avec une partie de son corps, dans une magnifique châsse en bois sculpté de la même époque, châsse conservée précieusement dans le trésor de l'Église et que nous décrirons plus loin.

Ainsi qu'on a pu le voir, la chapelle du Saint-Sacrement, et par son style, et par son ornementation, et par ses reliques, est une des parties les plus précieuses de notre Cathédrale. Comme nous l'avons dit au début du chapitre, elle en est le plus beau fleuron.

Les Tableaux

Il y a quelque temps, un journaliste de talent, mort dans la fleur de l'âge, M. Martin, écrivait, dans une feuille locale, un intéressant article sur les toiles d'art que renferme notre Cathédrale : « Allez faire un tour à l'Église, disait-il, et vous « serez amplement satisfait, vous aurez là, outre une heure de « délicieuse flânerie dans le silence où viennent s'éteindre « les bruits du dehors, un régal bien inattendu pour les « chercheurs en quête d'artistiques sensations. »

En effet, peu de grandes Cathédrales pourraient montrer un trésor aussi beau que le nôtre au point de vue des œuvres d'art. Nous trouvons les plus grands noms inscrits au bas de nos tableaux, et si plusieurs de ces toiles, longtemps oubliées dans les recoins de la crypte, ont souffert de l'abandon et de l'humidité, elles resplendissent aujourd'hui sur les murs latéraux, magnifiquement restaurées par les soins d'un artiste aussi modeste que talentueux. C'est à M. Guédy que nous devons de pouvoir admirer en toute leur beauté ces œuvres de maîtres.

Fragonard, Sébastien Bourdon, Subleyras, Raffay, Gaillard, Giotto, se sont donné rendez-vous sous les vieux arceaux de notre Église, et au milieu de cet aréopage d'artistes, nous ne savons lequel nous devons préférer, tant il est difficile de faire son choix parmi les chefs-d'œuvre.

Le chœur est le mieux partagé. C'est sur ses murs que paraissent avec honneur les deux plus beaux tableaux que viennent étudier et contempler une foule de visiteurs :

Le premier est dû à un enfant du pays, un Grassois, Fragonard, le meilleur élève de Boucher, qui venait de remporter le premier prix de Rome.

Avant d'aller porter sa palette et son pinceau sous un autre ciel, il voulut composer une œuvre qui resterait dans sa ville natale, comme l'hommage d'un fils affectionné. C'est ainsi qu'à l'âge de 22 ans, il peignit ce remarquable tableau du **Lavement des Pieds**. Ce n'était pas le genre de l'époque ; aussi, malgré son éducation religieuse, il fut bientôt forcé de suivre le courant d'un siècle frondeur et léger.

Nous devons regretter que l'artiste n'ait pas suivi cette première voie, car, certainement, il aurait atteint les sommets, où gravitent Raphaël et Fra-Angelico.

Le *Lavement des Pieds* fut, en principe, peint pour compléter l'ornementation de la chapelle du Saint-Sacrement. Les recteurs de la Confrérie du Corpus Domini avaient voulu réunir, dans un même lieu, les talents de leurs artistes grassois, et transformer cette annexe en véritable musée religieux. C'est grâce à cette situation première, que cette toile a échappé au terrible incendie de 1795 ; mais elle fut gravement endommagée par la fumée.

Avant sa restauration, elle était dans un état lamentable :
« Les rares amateurs qui, de temps à autre, poussaient une
« pointe jusqu'à la place du Grand-Puy, alléchés par cette
« aubaine, étaient unanimes dans leur désappointement :

« le chef-d'œuvre de la jeunesse du meilleur élève de
« Boucher était lacéré lamentablement, la toile divisée en
« six fragments, avait été raccommodée — c'est le mot —
« à l'aide de papier goudronné, ce qui avait produit un
« gondolement des plus désastreux pour les fragments de
« peinture ; pour compléter le tout, un enduit grisâtre avait
« été étendu sur la surface : le résultat fut de rendre le
« tableau presqu'invisible. Rentoilé par M. Guédy, les six
« fragments, réunis avec une précision absolue, ont été
« raccordés, les lacunes ont disparu, et les morceaux car-
« bonisés ont été cicatrisés entièrement ; puis un mastic
« très transparent a été plaqué par-dessus. Repris ensuite
« par l'artiste, qui est décidément un maître ès-reconstitu-
« tions, où il fait preuve d'une science parfaite des écoles
« et des maîtres qu'il étudia, le tableau donne aujourd'hui
« un effet qu'il était bien difficile de prévoir. » (Martin).

Telle est, en quelques mots, l'histoire de la dernière restauration de ce chef-d'œuvre, car elle n'avait pas été la
seule :

Une délibération du Corpus Domini, en 1789, nous apprend
qu'à cette époque, le *Lavement des Pieds* était déjà troué et
qu'il était nécessaire de le réparer. Ce qui fut fait.

Par une autre délibération de 1796 (Floréal an VIII), nous
apprenons que le citoyen Girard, peintre, consentit à réparer les méfaits de l'incendie pour le prix de 180 francs, et
que cette somme fut réduite à 48 francs, à cause de la pau-
vreté de la Fabrique.

Nous avons fait enlever ce magnifique tableau de la chapelle du Saint-Sacrement, pour le placer dans le Chœur, afin
qu'on puisse l'admirer de plus près. Cette œuvre est d'un
très grand prix. Cela n'a rien qui puisse nous étonner, si

nous nous en rapportons au prix de vente des *Quatre Ages de l'Amour*, du même artiste. lequel a atteint la somme fabuleuse de près de 2 millions.

*

A côté du *Lavement des Pieds* se trouve l'**Assomption** de Subleyras. Celui-ci ne le cède en rien à son illustre voisin. C'est un chef-d'œuvre dans toute l'acception du mot. Composé par le peintre en 1741, sur la demande de Mgr d'Antelmy, il représente la Vierge emportée au Ciel par les Anges sous les yeux étonnés de Saint Charles et Saint Léonce, les deux patrons du prélat. C'est un anachronisme, mais nous ne le regrettons pas, les deux figures sont si belles. La figure de la Vierge est si transparente, que « certains connaisseurs la préfèrent à celle de Murillo, a dit l'abbé Massa » et nous sommes entièrement de son avis. Ce tableau qui, dès son origine, avait été placé dans le chœur, fut sauvé de l'incendie par le dévouement d'un courageux citoyen qui, entrant dans le chœur par une fenêtre latérale, put enlever la toile de son cadre et la rouler rapidement. « Plus tard, « elle fut restaurée et encombrée d'inhabiles retouches : un « affreux vernis jaune empêchait presque totalement d'ap- « précier l'infinie délicatesse et le charme du coloris, les « atroces repeints ont disparu, le vernis a été éliminé et les « parties altérées ont été reprises avec une entière sobriété « de couleurs. »

*
* *

Le collatéral de droite est une véritable galerie :

1º A côté de la porte de la Sacristie se trouve une toile signée de Sébastien Bourdon et représentant le **Mariage Mystique de Sainte Catherine.** Sébastien Bourdon était né a Montpellier en 1656. Comment notre Cathédrale a-t-elle pu être dotée d'une de ses œuvres ? La légende raconte que ce peintre, étant allé étudier les beaux-arts en Italie, s'arrêta à Grasse à son retour pour y rétablir une santé chancelante. Après quelques mois de repos, il reprit le chemin de la ville natale, mais, pendant le temps qu'il était resté dans nos murs, son imagination d'artiste lui fit composer ce magnifique tableau qu'il nous a laissé comme souvenir.

*

2° En descendant dans la nef et à quelques mètres plus bas, se trouve un superbe **primitif** sur bois formant tryptique et classé *monument historique* sur la proposition de M. Moris, archiviste du département des Alpes-Maritimes. Ce tryptique, qui a excité au plus haut point la curiosité des connaisseurs, a été attribué successivement à Cimabue et au *Giotto.* C'est sur ce dernier que se sont arrêtés la plupart des artistes qui ont été appelés à le visiter. Nous avons pu comparer les détails de cette œuvre avec ceux de la plupart des peintures du maître italien et nous en avons conclu qu'il y avait une parfaite concordance entre ces détails.

Le panneau principal représente un pape et deux évêques en pied : Saint Clément, pape, Saint Lambert, évêque de Vence, et Saint Honorat, évêque d'Arles. Ce panneau est entouré de six médaillons, représentant à droite : Saint Sébastien, Sainte Barbe, Saint Bernard ou Saint Bernardin ; à gauche, Saint Laurent, Sainte Agnès et Saint Pierre de Vérone.

On a voulu voir dans la présence du médaillon représentant Saint Bernard ou Bernardin de Sienne, une preuve que le *primitif* n'était pas de Giotto. En effet, le maître vivait en 1340, tandis que Saint Bernardin mourut en 1444. Mais ceci n'est pas une preuve, à notre avis. Les médaillons ont pu ne pas avoir fait partie de l'œuvre primitive et avoir été ajoutés après coup. Cela s'est vu dans un nombre de cas incalculables.

De plus, il n'est pas certain que ce soit Saint Bernardin de Sienne qui est représenté dans ce tableau. Ce pourrait bien être Saint Bernard, abbé, qui vivait deux cents ans avant Giotto ; ce fut l'avis de mon prédécesseur.

En effet, ce magnifique tableau avait été découvert en 1860 par M. le curé Maunier, et voici comment il en parle dans un *Mémoire* que nous avons entre les mains :

« En cherchant dans la nef obscure de la Crypte, je
« fis une trouvaille précieuse, celle d'un ancien tableau
« peint sur bois ; il représente Saint Clément, pape,
« Saint Lambert, évêque de Vence, et au milieu une
« figure qui porte le nom et les insignes de Saint Honorat,
« mais qui n'est pas Saint Honorat. C'est l'image d'un jeune
« saint, dont l'aimable et douce figure fait penser à Jean
« l'Évangéliste. Le nom de Saint Honorat et les insignes de sa
« dignité ont été mal effacés. Il porte une robe rouge, tient
« une palme dans la main droite et un livre dans la gauche ;
« à ses pieds se trouve un cardinal de petite taille, à genoux.
« A côté de ces trois figures, presque grandeur naturelle, se
« trouvent six médaillons contenant, à droite : *Saint Sébas-*
« *tien, Sainte Barbe* et *Saint Bernard*, abbé ; à gauche,
« *Saint Laurent, Sainte Agnès* et *Saint Pierre de Vérone.*»

On ne peut donc rien présumer avec certitude et ce médaillon n'est pas une raison pour refuser à Giotto la paternité de ce tableau.

Il resta encore oublié jusqu'en 1893. A cette époque, un peintre remarquable, M. Guédy, passa l'hiver à Grasse ; on le lui montra et il se chargea de le restaurer. Il gratta soigneusement avec son canif « *la douce figure qui faisait penser à Saint Jean* », et fit reparaître la figure de Saint Honorat dans toute sa beauté primitive. Cette réparation fut merveilleusement exécutée.

*

3° Plus bas encore, à la place occupée autrefois par l'autel de Saint-Paul, on trouve un tableau moderne peint par un enfant du pays, CHARLES NÈGRE, l'inventeur de l'héliogravure, et représentant la **Mort de Saint Paul,** *premier ermite.* Saint Antoine procède à la sépulture de son maître en J.-C., tandis que deux lions creusent sa fosse.

*

4° A côté, l'**Assomption** par Raffay, peintre avignonnais d'un grand talent. La Vierge s'élève dans les cieux entre deux personnages qu'on croit être *Saint Martin* et *Saint Honorat,* les titulaires des deux premières Eglises de Grasse.

* *
*

Dans la nef latérale de gauche, nous rencontrons :

1° Le tableau de CHARLES NÈGRE, représentant les **Ames du Purgatoire.** Cette toile, qui avait été exécutée sur la demande du conseil de Fabrique pour servir de rétable à l'autel des Ames du Purgatoire, « ne répondit pas, raconte une délibération de ce Conseil, à l'attente du public ». Lors de récentes modifications, elle a été placée à côté de l'autel des Ames du Purgatoire.

2° Une toile sans valeur, représentant *Saint Jean l'Évangéliste.*

3° Une **Descente de Croix**, du Cavarage, dit *Michel-Ange le Caravage* (1569-1609) assez estimée. Le Caravage fut le réaliste de son époque : ses dessins sont énergiques, ses effets brusques, ses figures vulgaires. Plusieurs de ses tableaux ont une grande valeur.

*

Dans le Sanctuaire, sont deux tableaux provenant de l'ancienne Église des Dominicains et représentant deux saints de cet ordre : *Saint Thomas d'Acquin* à gauche et *Saint Hyacinthe* à droite ; Saint Thomas repousse du pied la mitre et écoute avec un élan d'inspiration le Saint-Esprit, sous la forme d'une colombe, qui vient lui dicter ses sublimes enseignements, et Saint Hyacinthe marche sur les eaux du Dnieper en portant le Saint-Sacrement sur le bras droit et la Sainte-Vierge sur le bras gauche. L'un de ces tableaux porte le n° 2 et l'autre le n° 17. Il est probable qu'ils faisaient partie d'une série de panneaux qui ornaient l'Église des Dominicains.

*

Enfin, dans la chapelle du Saint-Sacrement et à la place qu'occupait autrefois Fragonard, nous avons fait placer un tableau qui mérite une attention particulière et par sa facture et par ses détails. Il est daté de 1634, est signé GAILLARD et nous vient des Dominicains. Quoiqu'en dise M. Sénéquier, il représente la *Circoncision* et non l'*Adoration des Mages*.

« Cette œuvre avait eu à souffrir beaucoup, du temps et
« de l'humidité ; quelques figures, et notamment celle de la
« Vierge, étaient presque entièrement effacées. Le rentoilage
« a été fait complètement, les couleurs éclaircies et la tête
« de la Vierge, disparue, a été créée de toutes pièces. Traitée
« à la façon du vieux maître, cette délicate figure a été
« reprise sur des données personnelles à M. Guédy, et c'est

« peut-être ce qui nous a séduit le plus dans son œuvre,
« si complète pourtant ; sans s'arrêter aux considérations
« d'école, au lieu d'une vierge à large facture, telles que les
« rêvait Rubens, il a poétisé une délicate figure où s'har-
« monisent toute la finesse et la grâce méridionales ; il n'a
« eu qu'à jeter les yeux autour de lui pour trouver le type
« qu'il a su idéaliser ; il est resté couleur locale en demeu-
« rant exact et vrai ; cette tête est merveilleuse de relief et
« d'un charme tout-puissant. Son œuvre subsistera. » (Martin).

****

Voilà, en quelques pages, la description des toiles d'art
que possède notre Eglise. Puissent les temps à venir ne pas
leur réserver les outrages et les fluctuations qu'elles ont eu
à subir jusqu'en ces derniers temps. Puissent les libéralités
des connaisseurs et des amateurs des belles choses, conser-
ver avec un soin jaloux et pieux tous ces chefs-d'œuvre,
pour le plus grand triomphe de la Religion et de l'Art.

Une réflexion, en terminant : N'est-elle pas étrange cette
réunion de toiles de maîtres renommés, exécutées pour
Grasse ? Cela ne nous donne-t-il point une haute idée de
notre importance d'antan, et du goût artistique du clergé
d'autrefois ?

La Chaire

« Le 20 mars 1712, jour des Rameaux, nous dit le P. Cresp,
« Mgr de Mesgrigny, à peine arrivé dans son diocèse, prêcha
« pour la première fois dans son Eglise cathédrale, avec
« cette éloquence persuasive et cette liberté pastorale qui

« lui gagna tous les cœurs. Ce fut à ce premier sermon que,
« considérant la difficulté qu'on avait de monter en chaire
« et d'en descendre, il forma l'ingénieux dessein de faire
« creuser le pilier qui la soutenait, et il fit faire à ses propres
« dépens la magnifique chaire qu'on y voit aujourd'hui »

C'est cette chaire qui fut la proie des flammes, comme
toutes les autres boiseries de l'Eglise, pendant l'incendie
de 1795.

Celle qui existe en ce moment fut apportée, en 1802, de
l'Eglise des Dominicains, qui avait été vendue, et dont toutes
les boiseries, tous les tableaux et les ornements vinrent embellir l'ancienne Cathédrale.

Cette chaire est fort belle, les sculptures sont remar-
quables, mais elle est de dimension trop restreinte pour la
grande nef de l'Eglise. C'était une chaire de chapelle, et
elle nous fera toujours regretter la belle chaire de Mgr de
Mesgrigny.

L'escalier de l'intérieur du pilier a été comblé, et une rampe
fort commode et élégante y fut placée en 1810.

Les Tribunes

Les tribunes ont été construites à différentes époques.
L'Église a toujours été trop petite, pour les habitants de la
paroisse. Malgré les nombreuses chapelles des couvents, la
population affluait à la Cathédrale, parce que les offices
étaient plus solennels et parce qu'il était défendu aux régu-
liers, de « quelque ordre que ce soit, de dire la messe publi-
« quement dans leurs Églises avant la fin de la dernière

« messe, dite par le prêtre ordinaire à la Cathédrale ». *(Ordonnance de Mgr Louis de Bernage, 1654.)*

Il fallut donc penser à agrandir l'Église ; mais comme il n'y avait pas d'autre moyen que de bâtir au-dessus du sol ou de creuser au-dessous, on a successivement essayé de faire l'un et l'autre. On a bâti des tribunes, en faisant un plafond dans les petites nefs, et on a creusé une crypte sous l'Église même, en faisant une nouvelle Église, au-dessous de l'ancienne.

Ce premier travail a enlevé aux nefs latérales leur élancement, et a nui considérablement à la beauté architecturale primitive de l'Église.

A quelle époque ce travail a-t-il été exécuté ?

Nous trouvons, dans les *Archives*, que les officiers de la Sénéchaussée eurent la permission de construire une tribune en face de la chaire, en 1692 ; que la confrérie du Saint-Sacrement fit construire de nouvelles tribunes, en 1697, et qu'elle fit réparer les anciennes. Elle dépensa pour cela 1.708 livres.

Donc, ce travail a été fait à plusieurs époques, et il est certain qu'il n'a pas été terminé en 1697.

Cependant, le côté de la chaire devait être terminé, puisque en cette même année la Confrérie fait placer une *rampe de bois à la tribune, du côté du clocher*. C'est là, à côté de l'autel de la vierge, que fut l'escalier de cette tribune jusqu'en 1830 ; il a été transporté ensuite à côté de l'entrée principale.

Nous ne pouvons que déplorer la construction de ces tribunes, qui n'ont réussi qu'à alourdir complètement les gros piliers de notre Église, et l'ensemble de ce bel édifice. Cependant, elle fut nécessitée par la force des choses.

Dans ces dernières années, nous en avons fait rabaisser la partie antérieure, et nous avons fait remplacer la vulgaire balustrade en fer par une élégante rangée de colonnettes en marbre, dans le style ogival, qui a été un peu avancée dans la nef pour donner plus de place au public. Ce travail qui, en principe, aurait pu contribuer à donner de la lourdeur à l'édifice, le relève au contraire et lui donne plus de grâce et d'élégance. Il permet, en même temps, aux hommes, de mieux voir le prédicateur.

Les Orgues

« Mgr Scipion de Villeneuve avait été nommé Évêque « de Grasse en 1632. A peine avait-il pris possession de son « siège, qu'il commença à orner et embellir son Église « Cathédrale. On doit à ses soins et à ses pieuses largesses « l'orgue magnifique qu'on y voit encore aujourd'hui. Il décora « et enrichit le Maître Autel et fit réparer le palais épis- « copal ». (P. CRESP, 1762).

Cent ans plus tard, nous trouvons, dans le Registre des délibérations du Saint-Sacrement, une somme de 1.006 francs pour réparations à l'orgue. C'était la confrérie du Saint-Sacrement qui se chargeait du soin des orgues et du paiement de l'organiste.

Ce magnifique instrument fut consumé par l'incendie de 1795, comme la chaire de Mgr de Mesgrigny.

En 1798, les marguilliers cherchaient déjà à le remplacer. Nous voyons, dans leur délibération de 1798. « qu'ayant « appris que l'orgue des Réformés se trouvait à vendre, à « Marseille, ils veulent en faire la demande » et bientôt ils l'achètent pour la somme de 5.000 francs.

C'est cet orgue qui présida aux premières cérémonies solennelles du Culte, qui accompagna le *Te Deum* chanté après les grandes victoires de Napoléon, qui dut aussi, à la chute du grand empereur, soutenir le chant du *Te Deum* solennel présidé par le cardinal Ruffo, Archevêque de Naples, exilé dans notre ville. Enfin il célébra l'entrée des cendres de notre dernier Evêque dans son ancienne Cathédrale, le 10 juillet 1823.

Trente ans après, il était remplacé.

*

Ce fut une belle fête pour la Paroisse, le 18 juillet 1855, lorsque M. Lefébure Welis, organiste de la Madeleine à Paris, vint inaugurer les nouvelles orgues. Les journaux de l'époque en parlent avec enthousiasme.

Ces orgues, exécutées par M. Jungh de Toulouse, ont une grande valeur artistique.

Voici le jugement d'un amateur de premier mérite, élève du Conservatoire de Paris, et très habile organiste lui-même :

« L'orgue se compose de 32 jeux, dont cinq sonnent 16 pieds,
« construits de toute l'étendue du clavier, de jeux d'orches-
« tre, corps anglais, hautbois, flûte harmonique. etc, d'un
« grand chœur instantané, au moyen de pédales de combi-
« naison, trompette harmonique, voix humaine, etc., etc,
« possédant deux claviers à tous les jeux, qui caractérisent
« le chant choral, indépendamment des jeux de solo et de
« récit, tels que cornet, flûte harmonique, etc. A tant de ri-
« chesses, on doit ajouter neuf pédales de combinaison. Le
« tout, enfermé dans une boîte expressive et contenu dans un
« buffet richement sculpté. Cet instrument. dont la qualité
« éga'e la richesse, peut être considéré comme le plus per-

« fectionné et le plus complet qui existe dans le midi de la « France ». (H. de Fontmichel, 1855.)

Il a été encore amélioré, en ces derniers temps, et plusieurs jeux ont été ajoutés.

Le Trésor, les Reliques

Les reliques des Saints forment le plus beau trésor d'une Église. Autrefois, la Cathédrale de Grasse était fort riche en restes et en ossements précieux. Les évêques s'étaient plu à apporter comme don de joyeux avénement, en prenant possession de leur Evêché, des reliques de leur patron ou d'un saint préféré. Les *Archives* nous ont transmis les listes complètes des inventaires, que ces prélats avaient la coutume de faire, et je suis heureux de pouvoir mettre, sous les yeux du lecteur, quelques-uns de ces précieux documents :

*

L'Inventaire de 1627 relève les reliques suivantes :

« Un reliquaire d'argent contenant *le corps de Saint Pierre Alexandrin*.

« Une petite caisse ayant au-dedans plusieurs sainctes reliques, entr'autres une boette de cuivre, dans icelle il y a des os de *Saint Aigulphe*, abbé de Lérins.

« Une autre petite boette dans laquelle il y a un os de *Saint Desidery*.

« *Item*, une image de Notre-Dame, d'argent en bosse, de l'autheur de deux pans, paisant six livres, dans laquelle il y a de *Lignum Sanctœ Crucis*.

« *Item*, une image *Saincte Ursule*, couverte d'argent, avec l'os de la teste de la mesme saincte, avec la couronne et une chaine y attachée.

« Une petite boette dans laquelle il y a des sainctes reliques.

« *Item*, un bras de *Saint Auban*, le bas de cuivre, et la main d'argent ; dans iceluy il y a un os du dit Saint Auban, avec son papillon d'argent.

« *Item*, une custode avec deux anges pour y reposer le Sainct Sacrement.» (*Archives des Alpes-Maritimes*, G.298)

Le corps de *Saint Pierre d'Alexandrie*, qui fut apporté en 1243 par Bertrand d'Aix, le premier évêque de Grasse, avait été caché, pendant les guerres, dans une petite armoire ménagée au-dessous du tabernacle, et par la suite oubliée. Plus tard, ces restes précieux furent découverts par *Romain Bernard*, *Nicolas* et *Pierre Muraire*, recteurs du Séminaire, ainsi que le constate un document des *Archives*, daté de 1536. La publication de cette découverte fut faite par le Chapitre à cette même date. Une partie du corps fut placée dans un buste en argent, mais le reste a été de nouveau perdu et nous ne connaissons pas le lieu où il se trouve.

On a prétendu que Mgr de Mesgrigny n'avait pas seulement fait construire la Crypte, pour y creuser des tombes et des caveaux, mais aussi pour y déposer le corps de *Saint Pierre*, suivant l'usage et la tradition chrétienne.

Nulle part, dans nos *Archives*, nous n'avons trouvé trace de cette assertion, et cette opinion mérite d'être classée au rang des hypothèses, sans valeur dans l'histoire. Un fait d'une importance telle que celui de la translation du corps d'un saint aurait eu quelque éclat, surtout au XVIIe siècle et sous l'épiscopat de Mgr de Mesgrigny, des fêtes auraient été données, à cette occasion et nos *Archives* nous en auraient sûrement conservé la relation.

D'aucuns disent que ces reliques se trouvent dans le dernier pilier de gauche, celui qui soutient le clocher. Récemment, des travaux de consolidation de ce même pilier ont été exécutés, des sondages ont été pratiqués, mais jamais des ossements n'ont été mis à jour. Peut-être la Providence nous mettra-t-elle, encore une fois, en présence de ces restes, et alors, Dieu aidant, nous pourrons les placer dans un reliquaire digne d'eux, et les exposer à la vénération des fidèles.

***

D'autres Inventaires nous donnent les énumérations suivantes :

« Un livre de parchemin où sont escrits *les saints Evangiles de Saint Marc*, ayant la couverture d'argent et une image en bosse sur icelui, aussi d'argent. (1633. *Visite de Mgr Scipion de Villeneuve*).

« Un reliquaire de *Saint Honorat* donné en 1490 par *Jean André de Grimaldi*.

« Deux bourdons d'argent, don de *Jacques Joannis*, notaire à Grasse.

« Une masse d'argent à l'usage du bedeau.

« Un magnifique buste de *Saint Aigulphe*, en argent, don de dame *Tombarel*, de Nice.

« Un buste de *Sainte Catherine*, en argent.

« Un buste de *Saint Pierre Alexandrin*, en argent, de 1.500 livres, légué par M. *l'abbé Théas*, par son testament daté du 15 mars 1718.

« Une belle statue de la *Vierge*, en argent.

« Les bustes de *Saint Pierre*, de *Saint Auban*, de *Saint Honorat* et de *Sainte Ursule*, tous en argent, avec deux caisses, l'une renfermant les os des *Dix mille Martyrs* (la Légion Thébaine) et l'autre des os des *Onze mille Vierges* (les compagnes de *Sainte Ursule*).[1] »

Ces dernières reliques avaient été apportées par les religieuses Ursulines.

« Plusieurs mitres, des crosses, des anneaux et de magnifiques ornements ayant appartenu à nos évêques.

« Les reliques de *Saint Aygulphe* et de *Saint Desiderius*.

« Une côte de *Saint André*.

« Une custode avec croix d'or, contenant du bois de la *Sainte Croix*

« Le bois du bâton de *Saint Antoine*.

« Un peu de la robe de *Sainte Marguerite*.

« Une sainte *Ampoule*, etc., etc. »

Le trésor de ces reliques fut encore considérablement augmenté par celui que Mgr de Prunières, dernier évêque de Grasse, apporta de Lérins, lors de la sécularisation de la célèbre abbaye, en 1787.

Le trésor de l'Eglise du Monastère était des plus riches. Toutes les reliques étaient déposées dans la chapelle de *Sainte Croix*, qu'on avait surnommée pour cela « *la Sainte des Saintes* ». Dans le partage, le prélat n'oublia pas sa Cathédrale et il la pourvut largement.

La plupart de ces ossements nous ont été conservés, pendant la Révolution, dans une chambre du Grand-Séminaire et ils furent restitués à l'Église par le propriétaire de cette maison, qui avait été vendue, comme bien national. Mais toutes les pièces d'orfèvrerie, du poids total de 687 marcs, avaient été envoyées à la fonderie.

---

[1] On faisait l'office des onze mille vierges, le 24 octobre et celui des dix mille martyrs, le 22 septembre. (Bréviaire de Grasse de 1528).

Notons parmi ces dernières :

En or : Dix-huit croix, dont six avec un cœur et une bague, un grand cœur et plusieurs petits, une custode et une petite vierge, un christ, un reliquaire de la vraie croix, des anneaux avec pierres précieuses.

En argent : Les bustes de Saint Honorat, de Saint Pierre d'Alexandrie, de Saint Aigulphe, de Sainte Ursule et de Sainte Marguerite. Deux grandes vierges. Le bras de Saint Auban, le reliquaire de Saint André. Une sainte ampoule, un bras portant un drapeau, deux bourdons, une masse, deux christs, trente-cinq cœurs, des lampes, des chandeliers, des couronnes, des encensoirs, des burettes, des bassins, des sonnettes, etc.

En vermeil : Dix calices, des ciboires, des ostensoirs, des croix, des cœurs, des couronnes et beaucoup de galons, franges et dentelles, etc.

Après la tourmente révolutionnaire, quelques reliques éparses, sauvées par de pieux fidèles, furent recueillies par les prêtres. Voici la liste complète de celles qui se trouvent actuellement dans notre Église :

1º La tête de *Saint Aygulphe* et celle de *Saint Honorat*, abbés de Lérins, contenues dans deux beaux reliquaires, et exposées constamment à la vénération des fidèles, dans la chapelle du Saint-Sacrement.

2º Le buste de *Saint Honorat* et celui de *Saint Pierre d'Alexandrie*, en bois doré, exposés, les jours de grandes fêtes, sur l'autel majeur, contenant l'un et l'autre des reliques insignes de ces saints.

3° Une parcelle de la *vraie Croix*, dans une croix dorée et argentée.

4° Deux grands reliquaires, exposés sur le maître-autel, à certains jours de fête, et contenant les reliques des Saints *Irénée, Armentaire, Fidèle* et *Aimé*.

5° Quatre petits reliquaires pour l'ornementation de l'autel contenant des parcelles des mêmes reliques.

6° Les reliques de *Saint Roch* et de *Saint Sébastien*, conservées dans deux petites statuettes que l'on porte à la troisième procession des Rogations et à la fête de chacun de ces saints.

7° Les Reliques de *Sainte Anne, Sainte Marie-Magdeleine, Sainte Constance, Saint Donnat, Sainte Barbe, Sainte Candide, Sainte Appollonie*, renfermées dans des reliquaires en bois doré, en forme de bras. Plusieurs reliques de *Saint François de Sales*.

8° Un beau reliquaire de *Saint Jean-Baptiste* et de *Saint Jean l'Évangéliste*

9° Un reliquaire contenant des ossements de *Saint François d'Assise* et de *Sainte Claire*.

10° Quatre reliquaires, exposés sur l'autel de Saint Joseph avec reliques de divers martyrs.

11° Enfin plusieurs caisses d'ossements provenant de Lérins et qui contiennent les reliques des 500 martyrs, mais sans authentique et que l'on n'expose jamais.

*

Plusieurs autres précieuses reliques viendront bientôt augmenter ce trésor :

1° Une magnifique croix en cuivre avec le christ en bronze,

contenant les reliques de la *vraie Croix* et des *principaux lieux sanctifiés par le Divin Sauveur* à Jérusalem, toutes les reliques des saints invoqués par l'Église dans *les litanies* et celles de quelques saints nouvellement canonisés (*avec authentique*).

2° Une très précieuse et presque insigne relique de *Sainte Philomène* (*avec authentique*).

3° Les Reliques de *Saint Pierre* et de *Saint Paul*, de *Saint Louis*, évêque de Brignoles, de *Saint Joseph*, de *Saint Hippolyte*, de *Saint Bernard*, de *Sainte Thérèse*, de *Saint Elzéar de Sabran* et de *Sainte Delphine*, sa femme. Cette relique est d'autant plus précieuse que la famille de Sabran habitait Grasse, et que l'aïeule de Mgr de Roquemartine, évêque de Grasse, morte en odeur de sainteté, était la mère de Saint Elzéar.

4° Une très précieuse et très authentique lettre de *Saint François de Sales*, évêque de Genève, qui a un prix infini. Ce n'est plus seulement quelques parcelles de son corps, mais c'est son esprit et son cœur qui sont tout entiers dans ces lignes, tracées de sa main.

✻

Puisse ce trésor augmenter de jour en jour et acquérir la splendeur qu'il avait avant la Révolution. Si de mauvais jours se préparent, espérons que les hommes du xxᵉ siècle sauront respecter, dans les églises, les legs pieux de leurs pères.

Depuis des siècles ils sont venus prier autour de ces triomphantes poussières. Leurs enfants les vénéreront comme eux, et c'est de là, j'espère, que viendra le salut de notre pays.

La Châsse de Saint Honorat

UNE ÉPAVE DU XVIe SIÈCLE

Lors de la sécularisation de Lérins, en 1788, Mgr de Prunière réserva pour sa Cathédrale, nous disent les *Archives*, « une châsse en bois lamée d'argent, dorée, émail-« lée, avec des figures en bas-reliefs, en forme d'église, « représentant les miracles de Saint Honorat, et renfermant « une partie de ses os, ornée de plusieurs pierres fausses de « couleur, et de quatre lions qui la supportent. »

Tel est le reliquaire appartenant au trésor de la Cathédrale de Grasse et conservé dans la salle Capitulaire. De nombreux connaisseurs viennent le visiter et l'admirer. Tous s'accordent à reconnaître la haute valeur de ce reliquaire, que je ferai remonter au commencement du xvie siècle, à cause d'une partie des faits historiques qu'il représente.

Mais la description qu'en fait l'inventaire des reliques de Lérins n'est pas complète. C'est bien une châsse en bois sculpté. Elle est de forme parallélipipédique et elle est surmontée d'un couvercle à deux pentes. Elle renfermait les reliques de Saint Honorat, Evêque d'Arles et abbé de Lérins. Elle fut apportée à Grasse par Mgr de Prunière. Mais parmi les différentes scènes que reproduisent les bas-reliefs, une seule nous désigne un miracle de Saint Honorat.

La châsse proprement dite a une longueur de 49 centimètres sur une largeur de 27 et une hauteur de 35 à l'intérieur. La hauteur totale du reliquaire, depuis la base jusqu'au

CHÂSSE DE SAINT-HONORAT

FAÇADE DE L'ÉGLISE - PERRON - ENTRÉE DE LA CRYPTE

Procession du Très Saint-Sacrement au sortir de l'Église.

sommet du couvercle, est de 41 centimètres. Sur la face antérieure et sur les deux faces latérales sont sculptées les différentes phases de la vie de Saint Honorat à Lérins. Nous allons les examiner successivement :

La face antérieure est divisée en trois panneaux, séparés entre eux par des pins, qui sont, par parenthèse, les arbres qui poussent le mieux dans l'île. Le premier de ces panneaux nous représente un coin de mer ; sur cette mer, une nef à voile triangulaire, et dans ce navire quatre personnages. Un d'eux, revêtu d'une robe noire, se tient à la proue : on reconnaît Saint Honorat. Les trois autres rament et sont costumés de rouge et de vert : Ce sujet retrace le passage du pieux solitaire et de quelques-uns de ses compagnons, quittant la baume du Cap Roux et voguant vers l'île de Lerina pour se séparer davantage du monde, en l'an 375 de notre ère, suivant le chroniqueur Barralis.

Le deuxième panneau nous montre le saint dans un bois. Il est seul. De la main droite, il bénit. Il tient, dans la main gauche, une sorte d'objet doré, assez détérioré, que je suis tenté de prendre pour un calice.

Dans la troisième partie, le sculpteur nous retrace la prise de possession de l'île : Saint Honorat, à genoux et dans l'attitude de la prière, fait disparaître les serpents et les bêtes féroces.

L'abbé Alliez, dans son savant ouvrage sur le Monastère, cite un passage tiré de la notice intitulée : « *Vie de Saint Honorat* », *édition de Venise, 1501*. Je le transcris ici, parce qu'il explique le sujet qui nous intéresse : « Le saint, « à son arrivée dans l'île, voyant accourir les serpents, se « prosterne et conjure le Seigneur de les exterminer. Aus- « sitôt, ils expirent tous, mais leurs corps infectaient l'air ;

« le saint monte sur un palmier, lève les mains vers le ciel
« et prie avec ferveur le Dieu qui l'appelait dans la solitude.
« Alors, la mer se soulève, les flots inondent la surface
« entière de l'île, et emportent en se retirant les cadavres de
« ces reptiles. »

Notre sculpteur nous représente deux énormes reptiles à tête gigantesque, aux écailles rugueuses, munis de deux grandes ailes, comme les serpents des légendes. Il nous montre, en outre, un monstre à quatre pattes. semblable au tigre, mais ayant, en plus, deux ailes repliées. Quel pouvait être cet animal bizarre? J'ai recherché dans toutes les chroniques et je n'ai pas trouvé d'autre allusion qu'aux reptiles venimeux. Saint Honorat est agenouillé et lève les yeux vers un ange, qui vole en se dirigeant vers lui. Dans la partie supérieure, on voit deux bustes de femmes, deux saintes probablement. L'artiste aura sans doute voulu représenter un coin du Paradis.

Sur la face latérale de gauche, le panneau montre le sacrifice de la messe dans les bois : Le solitaire est à genoux, devant un autel des plus simples. formé de rochers superposés, recouverts d'une nappe. Sous cette nappe, dans un enfoncement réservé à ce sujet, deux vases. que je suis tenté de prendre pour les burettes. Sur l'autel, une croix et un calice. Derrière le saint, deux personnages à costumes bariolés marron, bleu et rouge, dans l'attitude de la prière. Au sommet, dans la partie triangulaire, deux anges soutiennent un tombeau d'où sort, jusqu'à mi-corps, un personnage entièrement nu, à mains jointes et à nimbe doré. C'est la résurrection de N.-S. Jésus-Christ.

Sur la face latérale de droite, Saint Honorat donne la communion à trois de ses compagnons, qui, cette fois, portent le même costume que lui. Cette communion est le symbole de la communauté que le futur évêque d'Arles venait de fonder dans l'île sauvage de Lérina. Les trois personnages, que nous voyons sans cesse autour du célèbre anachorète, ne seraient-ils pas ceux qui l'aidèrent à fonder ce monastère, qui devait devenir le phare de la science dans les périodes troublées du moyen âge ? L'auteur n'a-t-il pas voulu nous montrer : Eucher, Salvien et Vincent, dont l'histoire nous a si fidèlement transmis les noms glorieux ?

Dans la partie supérieure de ce panneau, nous assistons à l'ascension de Jésus-Christ.

Tous ces sujets sont entourés d'une torsade dorée, d'un fini merveilleux Dans le bas, sur une bande peinte, l'auteur a tracé des herbes et des broussailles que broutent une quantité de lapins.

Sur la partie supérieure du couvercle, partie que nous pouvons encore décomposer en plusieurs panneaux, nous assistons à l'arrivée et au débarquement du pape Adrien VI à l'île Saint Honorat. Nous lisons, dans le tome second de la *Chronologie de Lérins*, page 183 :

« En 1522, arrive Jean-Marie de Monferrat, et l'année
« même où il commença de gouverner, le pape Adrien VI,
« nouvellement élu, passa par Lérins, en allant prendre pos-
« session du siège apostolique. Ancien précepteur de
« Charles-Quint, il était évêque de Tortose, et avait été
« désigné pour l'un des quatre gouvernements du royaume
« d'Espagne. Lorsqu'il apprit son élection au souverain pon-
« tificat, il partit aussitôt de Tarragone, avec quatorze galères
« pour se rendre à Rome. Il aborda à l'île de Lérins, le
« 12 août, tandis que l'on y célébrait la fête de Saint Por-
« caire et de ses martyrs. Augustin de Grimaldi vint à

« Lérins, présenter ses hommages au Souverain Pontife.
« Touché de la respectueuse hospitalité qu'il trouva dans le
« monastère, Adrien accorda, à perpétuité, une indulgence
« plénière, pour la fête des cinq cents martyrs, à tous les
« moines présents et futurs. »

*

Voilà le fait dont le sculpteur a voulu graver le souvenir:

1º Une nef sur laquelle se trouvent trois personnages : le pape
et probablement deux cardinaux. Adrien, recouvert d'un
manteau rouge, porte la tiare dorée, et de la main droite, il
fait un geste de bénédiction. Les deux autres personnages
ont les mains jointes et portent respectivement un manteau
grenat et un manteau vert. Ils sont coiffés, tous deux, de
barrettes rouges.

2º Le pape a débarqué, suivi des deux dignitaires. Au
devant de lui s'avance l'abbé, mître en tête et crosse en
main, fort probablement Augustin de Grimaldi, alors
Evêque de Grasse et abbé commandataire de Lérins. Derrière
lui, les religieux du monastère, le premier portant une croix.

Cette partie du couvercle est entourée de la même torsade
que le reste du reliquaire, et possède aussi la bande où se
trouvent peints les herbes et les lapins. L'autre partie est
mobile. Elle est recouverte, ainsi que la face postérieure
de la châsse, d'une peinture représentant des arabesques très
élégamment dessinées, mais malheureusement fort dégradées.
Les sculptures, ainsi que les couleurs des sujets et la dorure
qu'on a étendue entre ces divers sujets, sont parfaitement
conservées et n'ont pas trop subi les injures du temps. La
châsse reposait sur des lions [1] qui ont disparu. Elle portait

---

[1] D'après l'iconographie du moyen âge, les reliques et les espèces eucha-
ristiques devaient toujours reposer sur la tête ou le corps d'animaux sym-
boliques.

quatre écussons, deux sur la face antérieure et un sur chaque face latérale. Celui de la face de gauche a été enlevé, et les autres portent des armoiries que nous n'avons pas encore pu identifier, malgré toutes nos recherches.

Nous avons vu que le débarquement du pape Adrien VI eut lieu le 12 août 1522, de là à conclure que ce reliquaire fut exécuté dans les premières années du XVIᵉ siècle, il n'y a qu'un pas et je le fais sans hésiter. Je crois même que nous nous trouvons en présence d'un don pontifical. La chronologie nous apprend qu'Adrien accorda une indulgence plénière pour la fête des cinq cents martyrs à tous les moines présents et futurs. A côté de ce don spirituel, n'aurait-il pas fait un don matériel ? Et ce don matériel ne serait-ce pas cette châsse, sculptée à ses frais, pour contenir dignement les reliques de Saint Honorat, châsse destinée à perpétuer le souvenir de la visite du Souverain-Pontife au monastère ?

On peut croire aussi que cette châsse en bois a servi à contenir la magnifique châsse en argent, don de Mgr de Grimaldi, qui a disparu, et dont on ne parle plus, dans le partage des reliques, en 1787.

On a prétendu que cette châsse avait contenu un reliquaire conservé à Cannes et portant cette inscription en latin : *Ici est enfermé le corps de Saint Honorat, évêque d'Arles. Si quelqu'un ose l'ouvrir, il ne verra pas la fin de l'année.* [1]

Nulle part, on ne fait mention de cette boite dans les *Archives* de Lérins, ni dans l'inventaire de ses reliques. Donc : 1º elle ne vient pas de Lérins ; 2º on ne sait pas son origine. Toutes les reliques de Saint Honorat ont été distri-

---

[1] *Corpus S.S. Honorati Lerinensis epis. Arelatensis in hoc reconditur locello, quem si quis operire praesumpserit anni finem non videbit.*

buées, au moment de la sécularisation du Monastère, et
Cannes n'est pas même nommée dans cette distribution.
Grasse reçoit le reliquaire contenant le chef du saint et de
nombreux ossements. Auribeau reçoit la mâchoire infé-
rieure, dans un précieux reliquaire en argent. Plusieurs
autres paroisses, Magagnosc, le Loubet, Vallauris, Valbonne
reçoivent de grosses parcelles, et toutes donnent un acquit
qui a été conservé. L'acquit de Grasse est daté du 22 mai
1790. On ne trouve rien de Cannes.

Enfin, ce reliquaire, si c'en est un ! n'a jamais pu être
contenu dans notre magnifique châsse de Saint Honorat,
parce qu'il est plus long de 10 centimètres que cette châsse,
et n'aurait jamais pu y rentrer.

Il serait peut-être utile d'ouvrir cette châsse pour savoir
ce qu'elle contient !... S'il y a vraiment des reliques, on
trouverait certainement quelque inscription, qui nous fixe-
rait sur la nature et la provenance de ces reliques. Les
moines de Lérins avaient l'habitude de coller, sur les os
mêmes des Saints, l'authentique de leurs saintes reliques.
La tête de Saint Honorat et la tête de Saint Aigulphe, que
nous possédons, en fournissent la preuve.

La Pierre tombale de 1285

Je crois utile de signaler une inscription tombale du
xIII^e siècle, que le hasard a fait découvrir récemment au fond
de la crypte de notre Eglise paroissiale. Cette inscription est,
à mon humble avis, la mieux conservée et la plus remarquable que nous ayons dans la contrée.

LA PIERRE TOMBALE DE 1286

Voici, telles que je les ai lues les neuf lignes dont elle se compose :

<pre>
ANNO ° DNI ° MILLO ° CC ° LXXXVI
TVMVLVS °   [DNI]° ROSTANGNI
MICAELIS ° CV[I DEVS]   ° PARCAT
VOS · QVI ° FV[LGETI]S ° ET ° ME · PV
TRERE ° VIDETIS
TALES ° FIETIS ° CVM ° VITA
DEFFICIETIS
ORA ° VERACEM ° DOMINVM
VT ° DET ° MICHI ° PACEM
</pre>

L'an du Seigneur mil deux cent quatre-vingt-six. Tombeau du sieur Rostang Michel, à qui Dieu pardonne ! Vous qui brillez de santé et qui me voyez pourrir, tels vous deviendrez lorsque de vie vous manquerez. Prie le Dieu de vérité pour qu'il me donne la paix.

Les lettres mesurent uniformément 0 m. 01.

Les mots que nous restituons aux deuxième, troisième et quatrième lignes sont cachés par une feuille d'ardoise, de 0 m. 06 de long sur 0 m. 05 de large, collée à la dalle et sur laquelle une croix latine est grossièrement tracée, au-dessus du signe IHS. Il m'a paru que les mots manquants pouvaient être restitués sans crainte d'erreur.

Le passant a à peine lu le nom du défunt, que celui-ci l'interpelle et lui tient le langage familier aux trépassés. Il le fait en trois vers syllabiques léonins qui l'amènent à commettre un solécisme.

On comprend qu'après cette reconstitution, nous avions le plus vif désir de détacher la petite plaque d'ardoise, pour voir ce qu'elle nous cachait. A vrai dire, nous nous en doutions : à une époque et dans des circonstances inconnues, notre pierre tombale, subissant une transformation peut-être sans exemple, était devenue pierre sacrée. L'ardoise recouvrait donc une cavité dans laquelle devaient se trouver des reliques. La lame d'un couteau de poche nous suffit pour faire notre opération et nous eûmes immédiatement la pleine confirmation de nos suppositions. La cavité était à moitié remplie d'une poussière impalpable provenant des reliques et des fragments de colle tombés du couvercle. Cette vénérab'e poussière recouvrait une croix pattée, gravée dans un enca - drement, avec un fini tel qu'on la croirait faite au moule, dans un mastic. Les arêtes de l'encadrement sont si vives encore, qu'on peut affirmer que ce travail est postérieur de quelques siècles à l'inscription.

Celui qui l'a fait a commis, au point de vue de la science et de l'art, un véritable sacrilège ; mais ne le lui reprochons pas trop, car nous lui devons certainement de posséder une œuvre telle qu'elle est sortie, il y a six siècles, des mains du lapicide. La pierre tombale, devenue pierre sacrée, et posée sur la table d'un autel, a trouvé là un abri qui l'a préservée de toute atteinte.

Il me reste à décrire son ornementation. La dalle est une belle plaque de marbre, longue de 0 m. 32, large de 0 m. 30, avec une épaisseur de 0 m. 04. Dans la partie supérieure (0 m. 12) sont dessinés, au trait, deux personnages : le défunt et l'archange saint Michel. Le premier est à genoux, la tête nue et les mains jointes ; il prie son saint patron d'intercéder pour lui. Il n'a pour vêtement que la robe longue de l'époque, d'où sortent ses bras nus. L'archange est debout. Il porte aussi la robe longue, recouverte d'un ample manteau. Sa main droite levée lui donne l'attitude d'une bienveillante attention. De la main gauche, il tient, comme toujours, sa lance victorieuse du dragon : le fer est en bas et, en haut à l'autre extrémité de la hampe, on voit une croix pattée minuscule.[1]

Au-dessous de ces personnages se déploie, sur toute la largeur de l'inscription, un rang de petits cercles ornés d'une perle au centre, au nombre de 41. Cette ornementation est répétée sous chaque ligne, jusqu'à la dernière, et chaque mot, à l'exception de quatre, est suivi d'un cercle pareil.

(SÉNÉQUIER, extrait du *Bulletin Archéologique*, 1898.)

La Sacristie

La Sacristie *(Secretarium)* est la partie de l'Église destinée à recevoir les vases sacrés et les ornements sacerdotaux. Cette partie n'existait pas dans les basiliques païennes, elle fut ajoutée, par les chrétiens, dans la partie supérieure de leur Église.

La sacristie de notre Cathédrale est une belle salle carrée, bien éclairée, entourée de riches boiseries anciennes. Le vestiaire, très vaste, occupant toute la partie supérieure de la salle, est admirablement construit, pour la conservation des ornements. Il est surmonté, dans sa partie médiane, d'un enfoncement semi-circulaire très gracieux, en forme de coquille, occupé par un beau christ, en bois sculpté.

Ce vestiaire est pourvu de riches ornements sacerdotaux, mais il n'a, à peu près, rien conservé des riches trésors et des splendides étoffes de l'ancienne Cathédrale de nos Évêques :

---

(1) Le style de ces deux figures est assez étrange et ne semble pas s'accorder avec la date de l'inscription. — R. L.

Tout a été dispersé par la Révolution : à peine retrouverait-on : Une croix d'argent, dite du chapitre, sans aucun cachet ancien, un beau baiser de paix, une étoffe richement brodée, et quelques lambeaux de belles étoffes, dont on a fait malheureusement des ornements modernes.

Une foule de dons précieux faits par les fidèles, pendant des siècles, ont disparu pour toujours.

Les ciboires, les ostensoirs, les calices sont tous modernes, à l'exception d'un seul calice en argent, frappé au marteau, et d'un petit ostensoir, sans valeur, datant, à peine du XVIIIe siècle.

La distribution du mobilier de la sacristie n'a pas toujours été telle qu'elle est maintenant. Nous trouvons, dans les *Archives*, « l'autorisation donnée à l'économe du Chapitre « de faire établir une balustrade, depuis la porte de la « sacristie, jusqu'au marchepied de la chapelle *Sainte-* « *Anne*, dans l'Église Cathédrale. » (1631, *Arch.* G. 267).

La chapelle Sainte-Anne était située à la place de la chapelle de la Vierge. Si la balustrade, partant de la porte de la sacristie actuelle, était arrivée jusqu'au marchepied de la chapelle Sainte-Anne, elle aurait coupé le sanctuaire devant les marches du maître-autel. Ce qui ne peut pas être admis. Donc, la porte de la sacristie n'était pas où elle se trouve maintenant. Après quelques recherches, nous avons reconnu facilement la disposition des lieux à cette époque. La porte était dans la partie où se trouve actuellement le vestiaire, à l'autre extrémité du mur de la sacristie, et le vestiaire était placé sur le côté opposé. La grande porte, qui coupait le mur de l'Église, existe encore, et est devenue un placard. Cette porte donnait accès dans l'Église au pied du sanctuaire, et la balustrade, établie en cet endroit jusqu'à la chapelle Sainte Anne, occupait la place de la table de communion actuelle, prolongée d'un mur à l'autre de l'Église. Les chanoines sortant par cette porte et arrivant au milieu de la grande nef, avaient à droite le sanctuaire et à gauche le chœur. Cette porte a été fermée quand on a fait l'escalier de la Crypte. Cela ne laisse pas de doute, et le vestiaire a été changé de place en même temps que la porte de la sacristie.

Le prieuré de Saint-Lambert, de Caussols, était une annexe de la sacristie de l'Église Cathédrale de Grasse. C'était toujours un sous-sacristain de cette Église qui était curé de Caussols. (*Arch.* G. 35).

En 1790, c'était l'abbé Mus, dont nous avons parlé plus haut, qui en était curé.

* * *

Au-dessus des placards, se trouvent les portraits de nos évêques les plus illustres.

Celui du cardinal Trivulce, seul, avait échappé au vandalisme révolutionnaire. Il a été retrouvé dans la crypte, au milieu des plâtras, avec plusieurs autres tableaux de maîtres. Le cardinal Trivulce avait été amené de Milan par François Ier. Il fut, d'abord, nommé évêque de Toulon, puis évêque de Grasse, qu'il gouverna douze ans, sans y être jamais entré, probablement.

A droite, en entrant, se trouve le portrait, tout moderne, de Mgr de Mesgrigny, pontife vénéré des Grassois, auteur de tout ce qu'il y a de remarquable dans la ville : l'ancien hôpital, la crypte, le beau perron de l'Église, les vantaux de la porte d'entrée, si admirablement sculptés. Sa mémoire était encore si vénérée au moment de la Révolution, qu'on respecta son nom, par ordre du comité public, sur tous les monuments où il avait été placé.

A gauche, nous avons le portrait de Mgr d'Antelmy, qui a construit cette belle chapelle du Saint-Sacrement que nous avons décrite. C'est lui encore qui a commandé, au célèbre peintre Subleyras, le beau tableau du fond du chœur, sur lequel il a fait figurer, à côté du sépulcre de la Vierge, Saint Charles Borromée et Saint Léonce, ses patrons.

Plus loin, c'est Mgr de Verjus, qui a édifié le chœur actuel, au moyen d'un agrandissement, passant au dessus de la rue qui longe le rempart. Cette réparation donna une place importante aux fidèles dans l'Église, en leur permettant de monter jusqu'à la table de communion. C'est Mgr de Verjus, encore, qui a fait construire le Mont-de-Piété.

Au-dessus du vestiaire, à gauche, c'est Mgr Godeau, le savant académicien, le saint évêque qui a gouverné dix-sept ans l'Église de Grasse, avec grande piété et sagesse. Il a écrit un nombre considérable d'ouvrages sur tous les sujets : Histoire, Écriture-Sainte, Ascétisme, Poésies, Sermons, Vies des Saints, etc. On est étonné qu'il ait trouvé le temps de produire une telle abondance d'œuvres si variées. Il avait réparé et embelli le palais épiscopal.

Enfin, à droite, c'est Mgr de Prunières, notre dernier évêque, qui a tenu tête à la Révolution, pendant deux ans, et qui conquit l'admiration, même de ses ennemis, par son énergie et sa prudence.

Au-dessus de la sacristie, se trouve la salle capitulaire, dont les belles boiseries, avec diverses inscriptions, nous reportent agréablement aux jours heureux où le Chapitre régnait dans ces lieux. C'était la salle de ses réunions, de ses délibérations, et de ses longues et vives discussions.

La Crypte

La Crypte est située au dessous de l'Église et s'étend sous la triple travée du monument. Dans sa visite de la Cathédrale, faite le 26 avril 1712, peu de temps après son avènement au trône épiscopal de Grasse, « Mgr de Mesgrigny fit différentes « constatations au sujet du pavé en pierre de l'Église. Il « trouva, entr'autres choses, qu'il était très mal carrelé et « inégal, et ayant demandé pourquoi il n'était pas en meil- « leur état, les consuls lui répondirent que les sépultures « causaient ce dérangement et ce chaos dans l'Église ».

« Trouvant aussi que ces inhumations, effectuées dans le « sol de la Cathédrale, étaient par trop nombreuses et répé- « tées, et causaient une gêne trop grande dans la pratique « des exercices du culte, l'Evêque conçut le projet de com- « mencer l'excavation d'une église souterraine, dans laquelle « on aménagerait de nombreux caveaux, pour servir de « lieux de sépulture aux familles qui en feraient la « demande ». (*Arch.*)

Ce fut là, sans doute, la première cause du projet de con- struction de notre Crypte, remarquable par son étonnante structure, d'une imagination audacieuse, qui, si elle ne germa pas dans l'esprit fécond de notre grand prélat, fut mise à réalisation par son activité infatigable.

La tradition nous rapporte que c'est Vauban lui-même qui avait dressé le plan de ce travail audacieux. En confrontant les dates, on a prétendu enlever au grand ingénieur de Louis XIV la paternité de cet ouvrage. En effet, Vauban mourut en 1707, et Mgr de Mesgrigny, montant sur le trône épiscopal de Grasse en 1711, ne demanda l'autorisation au Conseil général, de construire la Crypte qu'en 1714. Toutefois, je demande pardon à mon illustre et savant ami, M. Doublet, qui a fait un rapport à la Société des Sciences de Nice, contre cette tradition, de le contredire sur ce point, mais je crois qu'il se trompe. Certainement, Vauban n'a pas présidé à la construction de la Crypte, puisqu'il était mort, lorsque ce travail fut commencé, de même qu'il n'a pu venir visiter Mgr de Mesgrigny à Grasse, puisque ce dernier ne fut nommé évêque que quatre ans après sa mort. Mais, peut-on croire que Vauban, venant présider aux fortifications d'Antibes, ait laissé de côté, sans venir l'examiner, une place forte, de l'importance de Grasse ? Ville située sur le chemin direct d'Italie et qui avait toujours joué un rôle dans les grandes invasions de Provence ! M. Sénéquier s'est trompé sur la date de la venue de Vauban à Grasse, mais le fait ne paraît pas douteux.

De plus, la réfection des remparts d'Antibes eut lieu à la fin du XVIIe siècle. Mgr de Verjus occupait en ce moment le siège épiscopal de Grasse. Or, ce prélat était frère du marquis de Crécy, ministre plénipotentiaire de Louis XIV. Peut-on supposer que Vauban, ministre de Louis XIV, venant à Antibes, n'ait pas visité le frère de son ami et collègue dans le ministère. C'est dans une de ces visites que l'évêque de Grasse aurait demandé au grand ingénieur un moyen d'agrandissement de l'Eglise, et voilà comment Vauban fut amené à faire le plan de la Crypte.

Mgr de Verjus trouva peut-être ce projet trop hardi, peut-être n'eût-il pas les moyens, ni les fonds nécessaires pour l'exécuter, aussi se contenta-t-il de faire terminer les

tribunes. Il fallut toute l'audace, toute l'énergie de son successeur, Mgr de Mesgrigny, ce grand remueur de pierres,
pour réaliser le plan de Vauban, qui dormait dans les cartons
de l'évêché, et nous sommes persuadés que, malgré tout son
courage, il n'aurait pas osé entreprendre un travail si périlleux, s'il n'y avait pas été poussé par une autorité aussi
compétente que celle de Vauban.

L'histoire ne s'appuie pas seulement sur des écrits officiels,
elle a aussi pour base la tradition et les monuments scripturaires, et pour anéantir cette preuve, il faudrait d'autres
preuves que les preuves négatives. Or, sur ce point, la tradition persistante du pays n'a jamais varié, et une rue, qui
conduit à l'Église, l'a fixé par son nom.

Quoi qu'il en soit, nous ne pouvons que nous incliner
devant tant de génie et tant de hardiesse. L'autorisation fut
demandée à la municipalité. Le 14 octobre 1714, « le maire,
« premier consul, fait part, au conseil général de la commu
« nauté, du projet qu'a l'évêque de faire réparer le pavé de
« l'Eglise Cathédrale, de faire enlever tous les caveaux qui
« s'y trouvent, pour les faire placer en dessous, dans un local
« où l'on accèdera par une porte à ouvrir sous la grande porte
« de l'Eglise ». (*Arch.*)

Ce projet ne fut pas sans exciter de violentes oppositions,
mais l'évêque prit toute la dépense à sa charge, et déclara
donner caution de l'Eglise tout entière, en cas de ruine ;
et après délibération, l'autorisation demandée fut accordée.
Le conseil pria l'évêque d'agir avec toute la prudence que
demandait une entreprise aussi hasardeuse. L'affaire fut menée à bien et, cinq ans après, la nouvelle église ouvrait ses
portes. L'ouvrier s'était contenté de tailler le roc à peu
près perpendiculairement avec la partie supérieure, et il

avait pu ainsi établir une crypte vaste et fort bien emménagée, huit siècles après la construction de l'antique Cathédrale, sans que celle-ci eut en rien souffert de cette substruction.

L'aspect de la place fut complètement modifié, et un passage ouvert, non sans de grosses difficultés, mit en communication directe la Cathédrale avec les rues du bas de la ville. Ce passage, dont Vauban avait aussi donné le tracé, fut fait avec une telle douceur de pente et de contour qu'une voiture aurait pu y monter, s'il eut été plus large. On l'a assez regretté dans le quartier, lorsqu'il a été remplacé par un long escalier pénible et tout à fait incommode. L'œuvre de Mgr de Mesgrigny était bien préférable ! Nous citerons plus loin l'incident auquel elle donna lieu.

Le Conseil Général s'était intéressé à tous ces travaux, si bien que voulant aider l'Évêque dans ses entreprises, il vota le 17 juin 1719, une subvention de 1.000 livres, pour terminer les réparations qui étaient encore à faire à l'Église Cathédrale, savoir :

« Une balustrade en fer travaillé au sanctuaire, les fonts
« baptismaux et une grille en fer au devant de la Crypte,
« une porte sculptée, en bois de noyer, avec tambour pour
« l'Église, le pavage et l'appropriation de la place du Petit-
« Puy, sans pouvoir, le dit seigneur Évêque, faire apposer
« ses armes en aucun des dits ouvrages. » *(Arch.)*

L'Église souterraine, ainsi construite, devenait bientôt une vaste nécropole, où les bourgeois de marque élisaient la sépulture de leur corps. Le 27 février 1730, le Chapitre de la Cathédrale concède au sieur Laugier, moyennant « une « somme de 200 francs, la construction de douze tombes ou « cavos dans l'Église souterraine, pour être remis par le

CLERGÉ PAROISSIAL

Au moment de la Séparation de l'Église et de l'État.
Groupe d'orphelins.

« Chapitre aux personnes qui en demanderont et que le
« Chapitre trouvera bon de donner ». *(Arch.)*

En 1738, lors de l'édification de l'annexe du Saint-Sacrement, le corps de Mgr de Mesgrigny, qui avait été inhumé
dans le cimetière des pauvres, attenant à l'église, fut exhumé
et transporté dans le mur de droite de la Crypte, au-dessous
de l'escalier qui conduit à la sacristie. Pourquoi, dira-t-on,
Mgr d'Antelmy n'a-t-il pas fait inhumer son illustre prédécesseur, dans le grand caveau des évêques? C'est sans doute
parce qu'il avait l'idée de lui élever un monument dans
cette église souterraine, qui était son œuvre. Ne méritait-
il pas, en effet, de rester pour toujours dans ce lieu dont
il avait assuré la construction ?

Il y a quelques années, lors de réparations que nous fai-
sions exécuter, dans cette partie de l'Église, nous avons pu
constater le lieu précis, où se trouvent les ossements de notre
saint Evêque. Comme cette place est bien obscure et
bien oubliée, et comme elle est foulée à chaque instant par
les pieds des passants, nous espérons qu'un jour, en grande
pompe, nous pourrons faire transporter ces restes précieux dans le grand tombeau du maître-autel, où élever,
dans la Crypte, à cette occasion, un monument justement
mérité à celui dont la mémoire fut respectée, même par les
plus farouches jacobins de la Révolution !

L'Église souterraine joua un rôle important dans la suite.
Pendant la Révolution, au moment où la Cathédrale était
transformée en magasin à fourrages, ce fut elle qui, laissée
ouverte, servit pour les cérémonies du culte, aux prêtres assermentés. Ce fut elle seule aussi, qui fut respectée par les
Autrichiens, lors de leur occupation de la ville en 1815.

Dans ces dernières années, des restaurations très importantes ont permis de donner un aspect décent à ce local, que, pendant longtemps, on aurait pu prendre pour un vaste lieu de débarras. En effet, c'était là que, pendant la Révolution, on avait, pêle-mêle, entassé de véritables richesses et de vrais objets d'art. Perdues dans la poussière, et rongées par l'humidité et par les rats, nous avons pu retrouver, dans les plus sombres recoins, la plupart des toiles de maîtres, qui ornent les murs de notre Eglise. Des boiseries richement sculptées, des bancs, des chaises, des pierres tombales, des fragments de colonnes et de rétables, tout cela gisait en monceau, témoignant du dédain et de l'ignorance des hommes. Aussi, avons-nous profité de l'occasion, pour faire édifier quelques petites chapelles, du plus joli effet, sous ces voûtes sombres et humides :

Au fond est l'Oratoire, consacré à *Sainte Philomène*, dont l'autel provient de la chapelle particulière de nos Évêques. C'est là que, tous les dimanches, les pauvres de la ville se réunissent pour entendre la messe et recevoir le pain de Saint-Antoine. A droite, en rentrant, se trouve une grotte artificielle et semblable, en tout point, à celle de l'apparition de *Notre-Dame de Lourdes*. A côté est la chapelle dédiée à *Sainte Marie-Magdeleine repentante*. Elle sert à la représentation de la crèche pendant la quarantaine de Noël. A gauche, sont les *Fonts Baptismaux*, dont la vasque est digne d'attention. L'ancien Baptistère était dans l'Église, à droite, en entrant, et la vasque était cette grosse pierre creuse, taillée en pentagone, à l'entrée de la Crypte.

Mentionnons en passant que toutes les grilles qui ferment ces chapelles proviennent du tombeau des marquis de Cabris, autrefois situé dans l'Eglise paroissiale de ce village.

Le pavé, également, a été restauré. Les noms des principales familles s'y retrouvent encore, mais les armoiries n'existent plus. Elles furent effacées par ordre de Barras et de Fréron, qui écrivirent à la Municipalité de Grasse, le 17 août 1793 : « Nous sommes instruits que des armoiries « existent encore dans les Églises de Grasse, nous vous « requérons de les faire disparaître ». Satisfaction leur fut immédiatement donnée.

En terminant ce rapide coup d'œil sur les œuvres de Mgr de Mesgrigny, il me revient en mémoire deux faits. Nous les devons à une conversation de Mgr Jeancard, qui les tenait de son aïeul paternel, témoin oculaire :

Le premier a trait au passage Vauban, dont nous avons fait l'historique, et l'autre à la construction de l'hospice.

Mgr de Mesgrigny demandait depuis longtemps à son voisin, M. le Comte de ***, de lui céder un petit coin de son jardin, pour y établir un passage, qui faciliterait l'accès de l'Eglise à une partie de la population des bas quartiers de la ville. M. de *** refusait obstinément. La discussion s'anima un jour si vivement, que Mgr de Mesgrigny, blessé par quelques paroles de son interlocuteur, lui jeta son gant à la figure, et le provoqua en duel.

Quelques heures après, le pieux évêque se repentit de sa faute. Il fit sonner toutes les cloches, et monta en chaire devant le peuple assemblé, en foule, dans l'Eglise. Il s'accusa humblement de sa violence, et demanda pardon à son peuple. M. de ***, qui l'écoutait, fut très ému ; et touché par l'humilité du prélat, il lui accorda immédiatement le terrain qu'il lui refusait depuis si longtemps.

La seconde anecdote n'est pas moins curieuse : Dès qu'il

eut terminé les travaux admirables de la Crypte, Mgr de Mesgrigny pensa aux pauvres et entreprit la construction de ce magnifique hôpital, que nous avons tous vu et admiré et qui, depuis quelques années, s'est effondré sous la pioche des démolisseurs. Le peuple, inquiet de voir tant d'activité chez son illustre Evêque, parlait un peu irrévérentieusement des travaux qu'il entreprenait, et le blâmait ouvertement. Mgr de Mesgrigny, l'ayant appris, monta en chaire un jour de grande fête, et devant un nombreux auditoire, réuni pour la circonstance, il dit à peu près ces paroles : « Vous me blâmez, mes frères, pour tout ce que j'ai fait « dans votre paroisse. J'ai orné la maison du bon Dieu. J'ai « approprié la place que vous occupez dans le lieu saint. J'ai « cherché à vous être agréable, presque autant qu'à Dieu « lui-même, et vous vous plaignez? J'entends dire: Que fait « encore cet extravagant ?... Eh ! bien, mes amis, cet « extravagant ne s'occupe que de vous, il cherche à vous « être utile, il pense aux malheureux, et il bâtit une maison « pour les malades et pour les fous. Fasse le Seigneur que « vous n'en ayiez jamais besoin !... » Cela suffit pour fermer la bouche aux détracteurs.

Nous avons tenu à fixer ces deux souvenirs, que peu de personnes connaissent. Ils montrent bien le digne caractère et l'élévation de sentiments de notre grand prélat, et ils justifient aussi l'hommage posthume qui fut rendu à Mgr de Mesgrigny par la Société des Défenseurs de la Constitution. Le 28 avril 1790, cette Société envoyait à la Municipalité l'adresse suivante : « Les défenseurs de la Constitu- « tion, désirant voir éterniser l'hommage qu'a si justement « mérité le très célèbre Mesgrigny, jadis évêque dans le ci- « devant diocèse de cette ville, ont encore arrêté de prier

« MM. les officiers municipaux de substituer le nom de
« Mesgrigny aux armoiries de cet évêque, dans tous les
« lieux où la reconnaissance publique les avait placées. »

La tradition de ces faits, qui nous a été transmise par
Mgr Jeancard, n'a que trois chaînons : l'auteur, homme très
spirituel mais très sérieux, auxiliaire de Mgr l'evêque de
Paris, et dont on ne peut suspecter la véracité, son père et
son aïeul, qui était Grassois, contemporain de Mgr de Mesgrigny et qui avait assisté à la construction de la Crypte et
avait entendu, lui-même, Mgr de Mesgrigny, en chaire,
expliquer ses actes et donner ses excuses.

La Chapelle du Sacré-Cœur

Par une porte, qui ouvre sur le côté droit de la crypte, on
descend, au moyen d'un escalier de 28 marches, à la chapelle
édifiée dans les bas fonds de l'annexe du Saint-Sacrement.

Au début, ce ne fut qu'un simple lieu de dépôt. Plus tard, ce
fut la chapelle du Grand-Séminaire. Pendant la Révolution,
cette chapelle fut vendue à M. Bruery, qui la céda à M. le
curé Maunier en 1860, pour être annexée au Petit-Séminaire.
Des travaux importants furent exécutés à cette époque. La
chapelle, qui servait de grenier à foin, depuis plus d'un
demi-siècle, fut entièrement restaurée. On perça une
grande ouverture, entre les deux piliers, pour la mettre en
communication avec la partie voisine, remplie de terre
et d'ossements humains, qu'on porta au cimetière, et on
fit un souterrain, sous la place Saint Martin, pour faire
communiquer cette chapelle avec le Petit-Séminaire et avec
l'Église paroissiale.

Enfin, lorsque la maison d'éducation fut transférée au nouveau local de l'avenue Saint-Hilaire, et que l'ancienne maison fut vendue à un parfumeur, M. Maunier céda cette chapelle à la Fabrique, et M. Mistre, successeur de M. Maunier, la consacra au Sacré-Cœur. Il fit restaurer l'autel, dont le tombeau est remarquable comme architecture. Entièrement en bois doré, sculpté de magnifiques arabesques, il présente, en son centre, un panneau qui retrace la scène de l'Annonciation. Cet objet d'art provient sans doute de l'ancien autel de N.-D., qui se trouvait dans l'église Cathédrale et que les visites de la plupart de nos évêques nous citent comme étant fort riche et entièrement en bois doré.

Par une bizarrerie du terrain, cette chapelle, doublement souterraine, ouvre sur la place publique de Saint-Martin. C'est la chapelle des œuvres : les associés du Sacré-Cœur, les tertianes de Saint François d'Assise, les jeunes économes, etc., s'y réunissent tous les mois, pour leurs exercices de piété.

Le Patron de l'Église

Toute Église a un patron et un titulaire : Le titulaire de notre Cathédrale, c'est L'ASSOMPTION. Le patron, c'est SAINT HONORAT.

Nous ne dirons rien de l'Assomption. Il suffit d'assister à une des processions, faites en l'honneur de la Sainte-Vierge, ou aux exercices du mois de Marie, pour voir combien on aime, à Grasse, cette bonne Mère.

Mais notre saint patron n'est point aussi connu. Disons-en quelques mots :

Honorat naquit en Gaule d'une famille illustre, autant par les hautes fonctions qu'elle avait occupées dans l'Empire, que par ses grandes richesses.

Amené, par la seule force de ses études et de ses réflexions, aux vérités du Christianisme, il se convertit et reçut le baptême, malgré la vive opposition de son père et de sa famille.

Bientôt après, son frère aîné, *Venance*, suivit son exemple, et tous deux, sous la conduite d'un saint vieillard nommé *Caprais*, firent un voyage en Orient pour étudier la vie érémitique.

Venance mourut à Methone, en Messénie, et Honorat revint en Provence avec Caprais.

Attirés par la solitude des hautes montagnes de l'Estérel, ils s'enfoncèrent dans le lieu le plus désert, et ils se creusèrent une grotte sur un rocher presque inaccessible, où il vécurent plusieurs années, dans la pénitence et la pratique de toutes les vertus.

Intacte, cette grotte vénérable existe encore dans l'Estérel. Plus précieuse qu'un monument historique, aussi intéressante qu'une Cathédrale, elle offre aux regards ravis du touriste le vrai type d'une habitation primitive dans nos montagnes des Gaules. Que celui qui aime l'antique et le recherche dans les vieilles pierres entreprenne le court pèlerinage de la *beaume* de Saint-Honorat. Il ne découvrira ni créneaux ni poterne, mais, après avoir usé du jarret et brûlé du muscle, sa curiosité sera bien satisfaite, au milieu de ce paysage grandiose.

On ne rencontre plus sa pareille sur la terre de France. Le solitaire *Amadour* a vécu quelque temps, sur un roc escarpé de la *Rouergue*, mais sa cellule, son habitation primitive, n'existe plus, elle a été remplacée par une magnifique église.

Seule, la grotte de Sainte-Madeleine peut être comparée, par son antiquité et sa juste vénération, à celle de l'Esterel.

La retraite d'Honorat fut bientôt découverte, et un grand nombre de disciples lui demandèrent de partager sa solitude et de vivre sous sa conduite. Honorat pensa que leur réunion serait plus facile dans une de ces iles solitaires qu'il avait sous les yeux. Monté sur le frêle esquif d'un pêcheur, il s'y rendit avec quelques disciples, mais le premier ilot qu'il rencontre se trouve infesté par une quantité de serpents. Honorat prie, et aussitôt le cadavre de toutes ces bêtes venimeuses recouvrent le sol. Les solitaires prennent pied sur la terre ferme, mais bientôt une odeur pestilentielle se dégage de tous ces corps, en décomposition, et le séjour dans l'île devient inhabitable. Honorat s'adresse de nouveau au Seigneur, et immédiatement une vague profonde, sortant de l'immensité des flots, déferle avec fureur sur le rivage, recouvre l'île tout entière, et emporte tous les cadavres des animaux. Honorat et ses compagnons étaient montés sur les arbres. Lorsqu'ils descendirent la vague avait disparu et le sol était propre.

Les moines se construisirent quelques cellules, formées de branches d'arbre et de terre. Et ils vivaient tranquillement dans ce lieu solitaire, loin de tout bruit, seuls avec Dieu.

Mais l'Eglise d'Arles, la métropole des Gaules à ce moment, avait besoin d'un pasteur. Des délégués vinrent faire violence à notre pieux solitaire, pour l'obliger à accepter ce fardeau. Honorat se laissa vaincre, malgré sa répugnance.

« Une vieille légende, rapportée par Gagnon, en 1647,
« raconte qu'au jour de son entrée, le nouvel Evêque vit le
« diable, noir et velu comme un Ethiopien, qui, juché sur une
« des tours du palais de la Trouille, semait à pleines mains

« la haine et la discorde sur la tête des citoyens. Ce saint
« Evêque, qui, suivant le mot de son successeur, eut pu ser-
« vir de type à la charité, si on avait voulu la représenter
« sous une forme humaine, parvint, malgré les circonstan-
« ces difficiles, qui marquèrent les débuts de son ministère,
« à ramener en trois années la paix et l'harmonie dans tous
« les cœurs ». (L'abbé CONSTANTIN. *Les Eglises du diocèse
d'Aix*).

Honorat réunit un concile à Arles, en 427, pour condamner
l'erreur pélagienne, mais il ne put donner aux Arlésiens
qu'une vie épuisée par les austérités. Le jour de l'Epiphanie,
à bout de forces, il s'imposa de monter en chaire, une dernière
fois ; on le ramena, mourant, à la maison épiscopale. Il vécut,
huit jours encore, paralysé à demi, mais gardant l'usage de
la parole, avec la lucidité de l'intelligence : De son lit de
douleur, il donnait à chacun les conseils convenables. Saint
Hilaire assista à ses derniers moments.

Voilà le patron de notre paroisse, aimons-le et imitons-le.

Principaux Evénements

Le plus important de tous ces événements a été la consécration de l'Eglise. A qu'elle époque a-t-elle eu lieu ? Quel
est l'Evêque qui l'a faite ? Impossible de répondre à
ces questions. Nous possédons, à la bibliothèque de la ville,
un très ancien *Missel Grassois*, manuscrit, et admirablement conservé. D'après toutes nos recherches, il date du
pontificat de *Jean XXII* et de l'année 1323 ou 1334. Le nom
du pape se trouve à la fin du Canon, et le calendrier marque

la fête de Pâques au 27 mars. Or, cette coïncidence n'a pu se produire qu'en 1323 ou en 1334, pendant le règne de Jean XXII. (1316-1334).

Eh bien, ce vieux Missel ne parle pas de la fête de la *Consécration* et il ne fait même pas mention d'une fête de la *Dédicace*. Mên e remarque pour le *Bréviaire Grassois*, imprimé par ordre d'*Augustin Grimaldi* en 1528.

Nous trouvons dans les *Archives municipales*, les statuts de *Geoffroy*. évêque de Grasse, datés du 10 septembre 1305, ordonnant à tous les collégiés « *de réciter le saint office* ».

N'est-ce pas que nous pouvons être glorieux de l'ancienneté de notre Liturgie ?

*

Mais cette obscurité de la fête de la Consécration de notre Eglise n'est-elle pas encore une preuve de son ancienneté?

Ce n'est pas *Bertrand*, notre premier Evêque, qui l'a consacrée. Les chroniques du temps nous en parleraient.

Ce n'est pas pendant le courant du xiiᵉ siècle. Ce fait nous aurait été conservé par les *Archives*.

Ce ne peut-être donc que pendant le xiᵉ siècle qu'elle a été consacrée par un Evêque d'Antibes, peut-être *Geoffroy Iᵉʳ*, de l'illustre Maison de Grasse, qui donna à *Lérins*, en 1078, nous dit la chronologie, l'*Église Sainte-Marie de Grasse*, qui devint alors l'Eglise *Saint-Honorat* et plus tard l'*Oratoire*.

Or, en 1041, *Aldebert*, évêque d'Antibes, de la famille de Grasse, avait donné au monastère de Lérins toutes les églises de son diocèse qui n'appartenaient pas aux paroisses. L'Eglise *Sainte-Marie* de Grasse n'est pas comprise dans ces donations ; donc, cette Eglise était encore paroissiale à

cette époque. Mais, en 1078, elle ne l'est plus, et elle est donnée à Lérins par *Geoffroy*, neveu et successeur d'*Aldebert*.

Rien ne nous montre mieux l'époque de l'achèvement
de la Cathédrale de Grasse et de sa consécration, entre
1041 et 1078.

Certainement, si cette Église n'avait pas été consacrée au
moment où Bertrand vint prendre possession de l'Évéché
de Grasse, cet Évêque l'aurait consacrée lui-même, et les
Archives, qui nous racontent tant de faits de peu d'importance, nous auraient parlé de cette fête.

*
* *

Notre Cathédrale a été l'heureux témoin d'une solennelle
rétractation : Elle a vu, en 1330, l'antipape *Nicolas V* monter en chaire, « la corde au col, » dit la chronique, « prêcher
« illustrement plusieurs belles choses, abjurant publiquement
« les gauches opinions qu'il avait eues et soutenues, et abdi-
« quant le souverain-pontificat en présence de tous les assis-
« tants accourus presque en nombre infini, pour entendre
« un Pape, non sans un bien grand ébahissement et mer-
« veille inattendue de tous les escoutants ».

En 1405, l'antipape *Benoît XIII, Pierre de Luna*, étant à
Lérins, vint à Grasse. où il passa quelques jours, au palais
épiscopal, et il data une bulle, de l'Église de Grasse, le
17 novembre 1405. (Père Cresp).

Nous trouvons, dans nos *Archives*, un nombre considérable de Bulles adressées par les Papes à l'Église de Grasse,
et lui accordant des indulgences précieuses. Dès 1254, une
lettre apostolique, adressée à Raymond de Villeneuve, le
second Evêque de Grasse, accorde l'indulgence plénière à

tous ceux qui ont pris ou prendront part à la guerre contre les infidèles, et autorise tous les prêtres à leur donner l'absolution, même des cas réservés.

Mgr *Etienne de Boucicaut*, capucin, fut sacré dans l'Église de Grasse, le 30 mai 1603, par *François de Martinengue*, évêque de Nice [1], assisté de *Pierre du Vair*, évêque de Vence, et de l'évêque de Senez.

En 1608, fut publié, dans la chaire de notre église, le Jubilé universel concédé par le pape *Paul V*, afin d'implorer la miséricorde divine « ez présentes nécessitez de l'Église ».

Dans son enceinte s'est tenu, en 1609, sous Mgr de *Boucicaut*, un concile provincial, présidé par l'archevêque d'Embrun, composé des Évêques de Grasse, de Senez, de Glandèves, de Vence, de Nice et de l'Abbé de Lérins. [2] On a perdu les actes de ce concile, mais M. Albert Babeau en cite une ordonnance dans son ouvrage sur *le Village sous l'ancien régime : « Si quelqu'un caquète en l'église durant « les offices divins il jeûnera dix jours au pain et à l'eau »*.

De 1560 à 1744, on compte 17 synodes tenus dans la cathédrale.

*

Deux faits, beaucoup moins importants, nous ont été conservés par les *Archives :*

1° L'incident déplorable entre Mgr de Boucicaut et M. *Lombard de Gourdon*, lieutenant principal au siège, et M. *Tardivy*, lieutenant particulier.

---

(1) Cet Évêque, bon prédicateur et parent du général de la Ligue, dota son diocèse de statuts synodaux, justement estimés. Son tombeau se trouve dans la chapelle du Corpus Domini, à la Cathédrale de Nice.

(2) L'Évêque de Nice était Basini, l'Évêque de Vence, Pierre du Vair, l'Évêque de Glandèves, Isnard et l'Abbé de Lérins, Giraud.

Ces messieurs avaient fait transporter leur banc, dans le Sanctuaire, de leur propre autorité.

Mgr de Bousicaut leur ordonna, pendant l'office, de le remettre à sa place.

M. de Gourdon répondit à l'Evêque, de sa place, assis et couvert.

On n'avait jamais vu pareil scandale.

Mgr l'Evêque menace M. le lieutenant d'excommunication : « Etes-vous bien résolu, lui dit-il, de perdre votre « âme et de vous donner à crédit ? »

Quatre admonitions furent faites et répétées quatre fois ; mais au moment où la formule allait être prononcée, M. le Lieutenant se décida à se soumettre et fit transporter le banc à l'hôpital.

A ce sujet, on fit circuler l'épigramme suivant :

> O banc fameux, ô meuble sans égal,
> Jadis vainqueur d'une noire cabale,
>   Quelle chance fatale
>   T'a mis à l'hôpital ?
> Avec douleur, l'infortuné boisage
> Répond : L'orgueil a causé mon naufrage !

2° Le second, c'est une réconciliation de l'Église après une profanation. Voici le récit des *Archives* de 1633 :

« Estant assemblés, la plupart des collégiés, dans le chœur « de l'Eglise, sur les six heures, disant matines, y aurait « heu de grands cris et des coups sur la personne d'une « fame. Y étant accouru, le sous-sacristain avec les autres « prêtres auraient vu une fâme, laquelle était échevellée et « sanglante et de son sang espandu par le pavé de ladite « église, polluée ; le Chapitre désirant pourvoir à la récon-« ciliation, à ces fins députe les sieurs capiscols et archi-« diacre, lesquels iront à Fréjus supplier humblement M. le

« révérendissime Evêque, pour faire ladite réconci-
« liation.[1] » (G. Liasse, 269).

*

En 1700, Mgr de Verjus fit agrandir l'église derrière le
maître-autel et y fit placer les stalles des chanoines.

En 1713, une grande mission fut donnée à Grasse. Elle
opéra des fruits merveilleux, et entraîna toutes les popula-
tions des alentours.

En 1745, Mgr d'Antelmy orna le chœur du beau tableau
de Subleyras qui y figure encore.

En 1757, il fit faire des réparations importantes dans le
chœur et en fit fermer l'entrée.

En 1795, les stalles, le maître-autel, la magnifique chaire
de Mgr de Mesgrigny furent consumés par le feu.

Restaurée en 1797, après l'incendie, l'Eglise fut rendue au
vrai culte catholique en 1802, après le Concordat.[2] Mgr de
Cicé, archevêque d'Aix, en tournée pastorale à Grasse, le 18
septembre de cette année, y célébra la messe solennellement
en présence d'un nombreux clergé et de toutes les autorités.
Dans l'après-midi on fit une procession du Saint-Sacrement
qui enthousiasma toute la population.

En 1807, Mgr Colona d'Istria, évêque de Nice vint donner
le Sacrement de Confirmation dans l'Église de Grasse.

En 1814, le 13 février le cardinal Ruffo, archevêque de
Naples, âgé de 64 ans, fut interné à Grasse, où il demeura
jusqu'au 27 avril 1814 à l'hôtel de Thorenc, (Maison
Roubaud), et présida le *Te Deum* de la chute de Napoléon.

---

(1) Ce fait se passa sous le pontificat de Mgr Scipion de Villeneuve, qui
était en ce moment à Fréjus, auprès de Pierre de Camelin, son ami.

(2) Elle avait été occupée par les assermentés, pendant la Révolution.

Le Saint-Père Pie VII était passé à Cannes le 9 février 1814.

Le 7 juillet 1814 il y eut dans la paroisse une grande cérémonie funèbre, à la mémoire du roi Louis XVI, de la Reine, du Dauphin, de Me Elizabeth et du duc d'Enghien. Le lendemain on fit un service solennel pour Pie VI et le 9 un service pour Mgr de Prunière, le dernier évêque de Grasse.

En 1815 les Autrichiens s'installèrent dans notre Église, et les cérémonies se firent dans la Crypte.

Le 4 septembre 1817, l'Église de l'Oratoire a été érigée en chapelle de secours, et le Petit-Séminaire installé au Grand-Puy.

Le 5 septembre 1820, visite de la paroisse par Mgr l'évêque d'Aix : il confirma les enfants de Grasse et des paroisses environnantes, et présida les exercices de la retraite pastorale, qui fut prêchée cette année au Petit-Séminaire de Grasse. Il bénit le 7 novembre la première pierre de l'Eglise de la Visitation.

Le 29 octobre 1820, bénédiction d'un autel de marbre.

Le 4 novembre on transporta au cimetière les restes de M. Niel inhumé pendant la Révolution dans la campagne de M. Aubanel à la Rourée, et ceux de M. Garrigue, inhumé dans celle de M. Chiris à la panouche.

Le 10 juillet 1823, le corps de Mgr de Prunière fut apporté de Marseille et inhumé solennellement dans le caveau des évêques devant le maître-autel.

Le 26 janvier 1824, Mgr de Richery, évêque de Fréjus, fit son entrée solennelle dans la Cathédrale de Grasse.

Le 30, il donna la tonsure à quelques élèves. Le 1er février il conféra les ordres mineurs à d'autres, et il officia pontificalement à la grand'messe et aux vêpres.

Le 2 février il fit la bénédiction des cierges et assista à un grand dîner que la ville lui offrit dans la salle de la mairie.

Rappelons ici que Mgr de Richery, qui connaissait Grasse et qui l'aimait beaucoup, parce que sa mère était de Grasse, aurait bien voulu choisir cette ville pour le siège de l'Évêché, mais la légende raconte qu'il trouva quelque opposition parmi la bourgeoisie grassoise... Est-ce vrai? (1823-1829).

Mgr Michel succéda à Mgr de Richery, et malgré son grand âge, il visita chaque année sa chère Eglise de Grasse. (1829-1845).

Mgr Wicart (1845-1855). Mgr Jordany (1856-1876), passait, toutes les années, au moins huit jours, dans ce beau Petit-Séminaire, qu'il avait fait bâtir, et c'était toujours avec une émotion profonde que, plusieurs années après sa démission, il nous parlait de sa chère Eglise de Grasse.

Mgr Terris (1876-1885) aimait aussi beaucoup notre Eglise et il refusait de l'abandonner, disant que « c'était le plus beau fleuron de sa couronne ». Mais après sa mort, la séparation eut lieu et Mgr Balain (1876-1897) hérita de l'Eglise de Grasse et de son vieil Evêché.

Enfin, Mgr Chapon (1897), Evêque de Nice, à la tête du plus beau diocèse de France, n'oublie pas sa chère Église de Grasse et la visite tous les ans.

*

La liste des curés est moins longue que celle des Evêques.

M. Archier, premier curé de Grasse en 1802, mourut le 8 janvier 1830, après avoir gouverné avec beaucoup de prudence et de sagesse ce grand arrondissement, qui échappait à l'administration archiépiscopale, à tel point qu'on lui laissa le soin de faire même les changements de curés, jusqu'à l'arrivée de Mgr de Richery.

M. Chabaud, son 1ᵉʳ vicaire, lui succéda le 24 juin 1830 et mourut le 15 septembre 1840. Il fut remplacé, le 9 mars 1841, par M. Maunier, qui fut nommé vicaire général en 1862.

M. Mistre vint après et mourut le 6 septembre 1893.

L'Église doit à M. Maunier le maître-autel, les orgues, le bel ornement de drap d'or et la chapelle du Sacré-Cœur; à M. Mistre elle doit les deux autels latéraux de la Sainte-Vierge et de Saint-Joseph, etc.

En 1805 eut lieu la première mission; on planta la croix au Cimetière, qui était alors au couvent des Cordeliers (Place Martelly).

En 1806, neuf missionnaires vinrent continuer les prédications et firent un bien immense. La croix fut plantée à Saint-Hilaire. Les Visitandines rentrèrent à Grasse.

Le 20 décembre 1829, ouverture d'une autre mission qui dura 50 jours, prêchée par cinq missionnaires.

Le 21 janvier 1830, la plantation de la croix à la Foux. C'est la croix qui est actuellement à l'Église en face de la chaire. Après la clôture qui eut lieu le 3 février on décida de faire une procession à la croix pendant 9 jours, puis pendant 9 semaines, 9 mois et 9 ans.

En 1857, le 8 mars, fut ouverte la grande mission des Capucins : plus de 2.000 hommes firent la communion, ayant à leur tête les premiers magistrats de la ville, dans l'ordre civil et dans l'ordre judiciaire, les principaux négociants, les avocats, les médecins et tous les ouvriers. (Notons qu'à cette époque Grasse n'avait que 12.000 âmes). La croix fut plantée en face du jardin public.

En 1893, le même prodige s'accomplit à la voix des oblats de Marie. Le chemin de croix de la paroisse en fut le souvenir.

Enfin, en 1905, les Rédemptoristes ont réuni plus de sept cents ouvriers à la Table sainte.

*

En 1887, le 23 février à 6 heures et à 8 heures du matin, un violent tremblement de terre ébranla tout l'édifice ; des pierres se détachèrent de la voûte et l'Eglise fut fermée dix mois durant.

Pendant ce temps, on éleva deux grands murs à l'aplomb de ceux du clocher et la chapelle de la Ste-Vierge disparut.

En 1900, au mois de septembre, les murs furent démolis, le pilier fut presque entièrement reconstruit et muni d'une armure de fer et la chapelle de la Ste-Vierge reparut plus brillante.

Le chœur a été repeint à neuf, on a ouvert les deux fenêtres du côté du Puy, le sol a été repavé en entier ; des lustres nombreux ont été appendus à la voûte, les rampes en fer des tribunes ont été remplacées par des balustres en marbre s'harmonisant avec le style de l'Eglise ; des tableaux de maîtres longtemps oubliés dans les sous-sols ont été habilement restaurés et placés sur toutes les murailles de l'Eglise. La chapelle du Saint-Sacrement a été gracieusement ornementée et toutes ces réparations ont produit le plus agréable effet.

Que Dieu sauve notre vieille et belle Cathédrale !

LAUS DEO

FIN

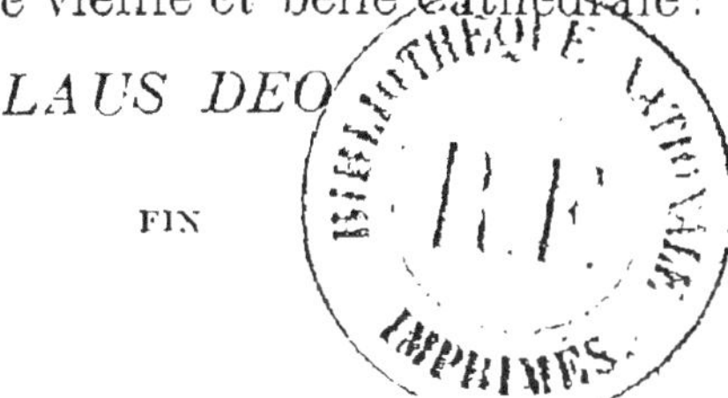

GRASSE — IMPRIMERIE LOUIS CARESTIA

Boulevard Gambetta

IMPRIMERIE
LOUIS CARESTIA
GRASSE